禅が教える「考えない」作法

昨日を悔やむな、
明日を思いわずらうな

浜松医科大学名誉教授
高田明和

亜紀書房

禅が教える「考えない」作法

昨日を悔やむな、
明日を思いわずらうな

まえがき　考えてはならぬ、思い出してはならぬ

私たちは何のために生きているのでしょうか。おそらく人類が意識をもって以来、常にこの問題に直面してきたと思います。

釈尊は亡くなる直前に弟子に向かって「お前たちは四聖諦《ししょうたい》をよく理解しているか。分からないところがあれば今のうちに聞きなさい」と申しました。弟子のアヌルダが「よく理解しています」と答えると、「それなら自分は涅槃に入るぞ」と言って亡くなられたのです。四聖諦はこれほど大事な教えです。

それは苦諦《くたい》、集諦《じったい》、滅諦《めったい》、道諦《どうたい》の四つの諦めからなります。苦諦とはこの世は苦に満ちている、生老病死を始め、求めて得られないときの苦しみ、好きな人と別れなくてはならない苦しみ、それらから逃れることができないという諦めをもつことが大事だというのです。

集諦はそのような苦しみはもともと無明（根本的な無知）から欲望のままに生きて

きたからで、大きい欲望には大きな苦しみがつきまとうし、小さな欲望には小さな苦しみがついてまわるという諦めです。ですから、「求むるところあるは皆苦なり」と達磨《だるま》大師も教えています。

このような苦を滅するにはどうすればよいのかという教えが滅諦です。苦は考えるから、思い出すから生まれるのだ、考えてはならぬ、思い出してはならぬと教えられたのです。盤珪《ばんけい》禅師も「記憶こそ苦の元なり」と言われ、至道無難《しどうぶなん》禅師も「もの思わざるは仏の稽古なり」と言われ、修行には考えないことが最も大事だと教えられたのです。

ではこのような苦しみを滅する状態を続けるにはどのようにしたらよいのか。それを教えられたのが道諦です。これは正見《しょうけん》、正思惟《しょうしい》、正語《しょうご》、正業《しょうぎょう》、正命《しょうみょう》、正精進《しょうしょうじん》、正念《しょうねん》および正定《しょうじょう》で、正しく考え、正しくものを見、正しい言葉を使い、正しい仕事をし、正しい目的をもち、精進をし、念を正し、精神を集中するということです。これを簡単にいうと「心を苦しめるな」、「心を傷つけてはならぬ」ということです。

禅の教えは心を傷つけ、苦しめる考え、知識、教えはすべて誤りであるというところに意味があります。南泉という和尚は猫を斬り殺しました。殺生戒という戒律の第一である「生き物を殺してはならぬ」という教えも、それにとらわれるなら間違いだというのです。仏教の根本の教えである因果の法則もそれにとらわれるなら間違いだというのです。

私は心ほど大事なものはない、心を楽にする生き方ほど大切な生き方はないと確信するようになりました。禅は「心が第一で、それを乱すすべてのものは悪である」という教えなのです。

堀口大学の「座右銘」という詩には「暮しは分が大事です　気楽が何より薬です」と詠っています。まさにその通りです。気を楽にする生き方こそ生きている目的だと思っています。それを端的に示したのが禅の教えです。

どんなに地位があっても財産があっても、仕事ができても心が苦しみに満ちているなら意味がありません。心を楽にする手段、その教えが禅だと思っているのです。

7月14日　高田明和

目次：禅が教える「考えない」作法

7章 先をわずらうことに何の意味もない

目　次

第1部　「考えない」からうまくいく

1章　考えることが心を苦しめる

1　脳トレの弊害——不必要な過去を思い出す

●脳トレの限界

最近英国の研究者が平均40歳前後の1万人以上の男女を対象に脳トレの効果を調べたという報告が新聞に載りました。被検者は1日10分、週3回、6週間訓練をしました。パソコンとかゲームソフトによって脳トレをさせ、それが本当に脳の認知機能、記憶力を向上させているかを調べたのです。

すると、これらの訓練を受けた人たちは、その訓練の対象、つまり、パソコンのゲームとか記憶テストの問題では次第に進歩をしたのですが、実際に一般的な記憶の試験、あるいは判断力、言語の記憶、空間の記憶などのテストをすると、訓練をしない対照者とほとんど違わなかったのです。つまり、脳トレは実人生にとっては効果がなかったという結果が得られたのです。

高齢化とともに認知症、いわゆるボケに対する不安も高まっています。またマスコミもテレビなどで若年性のアルツハイマー病に罹患した人たちの生活を報道し、人々に恐怖感を与えています。

また年をとると次第に物覚えも悪くなり、固有名詞なども出てこなくなります。ボケとは思わなくても、記憶の衰退、脳の老化を疑わせます。すると次第に「自分の能力は低下しているのだろうか。仕事もできなくなり、今の競争時代についていけなくなるのではないか」という思いが芽生えてきます。

●脳トレ万能神話

「何とかすることはできないか」、「脳の老化を防ぐ、あるいは遅らせる方法はないものだろうか」などという考えが生まれます。そのような時に「脳を活性化する10の方法」とか「脳に悪い7つの習慣」などという本のタイトルが目に入り、それが30万部も60万部も売れていると書かれていると、ついその本を手にし、購入する気になります。

このような本に書いてあるのは、1）脳は鍛えるほどよくなる、2）楽しく頭を使うこと、3）趣味をもつこと、4）一人にならず友人を多くもつこと、5）好奇心を忘れないこと、6）生き甲斐のある仕事をもつことなどと書かれています。

また頭を鍛えるという項目には、頭を使うと脳にどのようによいかが最新の脳科学の所見とともに記載されています。

脳科学の進歩により脳の機能を測定するという話は魅力的です。テレビでも何度も報道され、高齢者があることをすると脳機能が改善されたなどと報道されています。また脳トレなどについても、脳トレをすると脳の画像診断で脳機能が昂進したという結果が得られたなどと報道されます。

●頭のいい人の脳は〝活性化〟しない

しかし、脳機能の診断で最も使われるのが機能的磁気共鳴画像、つまりｆ―ＭＲＩと呼ばれる方法と近赤外線分光分析法、ＮＲＳと呼ばれるものです。ｆ―ＭＲＩは脳の血管を流れる血液の酸素が使われて、ヘモグロビンが酸素を失うと磁場に変化が起こるという法則を利用しています。また近赤外線分光分析法では赤血球が酸素を結合すると色が黒ずむということを利用して測定します。

ではなぜ脳が活性化されると酸素を使うかというと脳がエネルギー源であるブドウ糖を燃焼させるのに酸素を使うからです。ところが脳は機能が高まるとすぐにその部分の血管が広がり、血液が多く流れるようにするのですが、すぐには酸素を必要としない状態にあります。そのために他の部分に比べると酸素と結合したヘモグロビンが多い状態にあり、それを測定するのです。

しかし、いずれにせよ脳がブドウ糖を使うということを利用していることは間違いありません。脳がどのように働いているかということを調べるのでなく、ブドウ糖を使っているということを調べているのだということを知っておいていただきたいと思います。問題はブドウ糖を多く使うということと脳機能がよくなるということがあまり関係をもたないということです。

たとえば東大の酒井邦嘉さんは英語を学ぶ際の脳の変化を観察しました。すると中学生などが英語を勉強すると脳の言語中枢の活動は次第に高まります。ところが英語の能力が次第に増すとともに脳の活動、つまり磁気共鳴画像の強さ、さらに言えば脳細胞の酸素消費量は次第に減ってゆくのです。脳は省エネになり、あまりエネルギーを使わずに働くことができるようになるのです。

これを大学生について調べると英語のできない学生の言語中枢の活動は非常に高く、英語がうまい学生の活動は磁気共鳴で見た限りでは低かったのです。そうなると、あることをやって脳の活動が高くないなどといっても、それが能力がないのか能力があるのか分からないということになります。

同じことは高齢者や脳梗塞の患者の脳の活動についてもいえるのです。高齢者で脳機能の低い人になにかの問題を与え、これの解答を求めると脳の活動は非常に高まっています。脳のいろいろなところが活動の向上を示す赤い色を出します。いかにも脳が非常に活動しているように見えるのです。

●活性化と機能が高まることは関係がない

ところが脳機能がよく保たれている人が問題を解く時の磁気共鳴画像は活動が低いのです。つまり脳機能の程度が低い人は脳のいろいろなところを活動させる、あるいは、問題を解くことが苦しくて脳のさまざまな部位が刺激されることにより、あたかも脳が活性化されるように見えるのです。

脳梗塞についても同じことがいえます。たとえば左の脳の前頭葉の後ろの方には運動野といって右の指、手、腕、足などを動かすところがあります。右の同じ場所、運動野には左の指、手、腕、足などを動かすところがあります。脳と手足の支配は交叉しているのです。

もし左の運動野に脳梗塞が起こると右の手足が動かなくなりますが、左の運動野の下部前方には言語中枢があるので、ここも犯される可能性が高いのです。その結果左脳の広汎な脳梗塞では右の手足が動かないのと言葉が不自由になるということが起こります。田中角栄さん、長嶋茂雄さんはこのよい例です。

正常人が右手を動かそうとすると左の運動野が活動し、f―MRI（磁気共鳴画像）で赤く光ります。もし左の運動野の部位が脳梗塞になっていれば、右手、右足は動きがなくなるか動きが弱くなります。このような時に脳の画像をｆ―ＭＲＩで撮れば、右手、右足の運動には関係のない右の脳の広汎な活動が見られます。

このような部位の活動が増しても、右の手足の運動は起こらないのですから、運動野が活性化されたとか、運動を起こす脳の機能が高まったとはいえません。おそらく、動かない手足を動かそうと力む、無理をする、苦しむという活動が脳画像に撮されたに過ぎないと思われます。つまり、脳の画像で広汎な領域が〝活性化〟されていても、それは機能に結びつかないのです。

このことから脳のｆ―ＭＲＩの画像、ＰＥＴ（陽電子放射断層撮影画像）や近赤外線計測装置による脳の変化は脳機能が高まったということを示しているのではないということが分かると思います。

●脳トレで「考えすぎ」症候群が生まれている

このように考えると脳トレは本当に脳を活性化し、老化を防ぐ効果があるのか疑問になります。もちろん、脳トレをやることで脳機能がよくなると信じていれば問題はないように思えますが、脳トレの悪弊も指摘されているのです。それは「考えすぎ」、「不必要なことを思い出す」ということです。

脳トレと称していろいろなことを思い出させる訓練は、日常でも不必要なことを思い出させる訓練になってしまっています。最近の研究では、脳トレで記憶の訓練をしている人は不必要な過去を思い出し、それにより苦しんでいる場合が多いということも分かってきたのです。

私たちは記憶の過多には耐えられません。不必要なことを忘れることで心の安心、安定が得られ、気持ちが楽になるのです。

後で述べるように、最近では「脳トレよりも筋トレ」などといわれ、考えずに体を動かすほうがはるかに脳の健康、ぼけの防止にはよいということも分かってきました。実際、うつなど心の病の最も効果的な治療法の一つが体を動かす、運動をすることだということも示されています。

2　「悩み」が能力の発揮を妨げている

●考えすぎは禁物

考えすぎによると思われる心の病が増しています。その代表は不安、不眠、うつです。将来について考えすぎる、知りすぎることは不必要な不安を惹起します。

私たちは嫌な言葉を聞くと不愉快になる。他人に批判されると自分ではそんなものは気にしてはいけないと思いながらどうしても気になるのが普通です。「顔色が悪いですね」などと言われると本当にどこか具合でも悪いのかと思ってしまう。

とくに最近問題になっているのは病気の予備軍という言葉です。普通、空腹時血糖値が100未満（100mg／dl）が正常値、あるいは優として100から110未満を正常値の高値、境界型糖尿病を110から128未満としています。ところが、もしあなたの空腹時血糖値が112などということになると、医師は「どうも糖尿病に注意したほうがよいようですね。予備軍といえるでしょう」などと言います。また糖尿病のスクリーニングでは血液中のヘモグロビンA1C（HbA1C）という物質の量を測ります。これはヘモグロビンに糖が結合したことを示す指標なので、血糖値がいつも高いとHbA1Cが高くなる。正常値は5・8％未満で、5・8から6・5％未満が良、6・0から7・5未満が可または不十分としています。そこで5・8から6％の値をもつ人は糖尿病予備軍などと呼ばれるのです。

もしあなたが糖尿病予備軍などと言われたり、奥さんもそれを知っているとするとどうなるでしょうか。あなたの人生、少なくとも食事は一変するでしょう。甘い物は食べられなくなり、食事も卵、肉などを減らされ、野菜を主とした食事に変えられるだろうと思います。酒も飲めなくなるかもしれません。

●ストレスが増える理由

しかし、このように欲しいものが食べられないというような人生になるとストレスが積もり、それが精神的に私たちを苦しめ、その結果本当の糖尿病になってしまうかもしれないのです。実際、恐怖心、不安を与える言葉は私たちの心と体を変えてしまうのです。

人の心を傷つけたり、心配や不安を生んだりするような刺激、言葉をノセボと呼んでいます。ノセボが医療の効果を妨げていることは、医師や医療関係者に不信をもっていると治療の効果が上がらないという多くの研究結果が示しています。

これらのことは、あることについて知りすぎたり、考えすぎたりすると心も体もかえって異常になってしまうことを示しています。

さまざまなことを無理に思い出そうとするなら、過去の嫌なことも思い浮かぶし、過去の失敗が将来に影響を与えるのではないか、あるいは、そんなに恥ずかしいことをした自分は他人にくらべてだめではないかなどと自信を失わせることになってしまうのです。

●「考えない」ことが能力を発揮させる

考えすぎがうつを引き起こすことは知られています。山田無文老師は考えすぎを戒めて、「人は考える葦だと言った人がいるが、考えの過多に耐えられない葦なのだ。可憐な葦をいたわれ」と言っておられます。

脳の機能を高め、脳の老化を防ぐためと思ってやった脳トレがかえって私たちを苦しめる不安、うつ、不眠を引き起こすということになると、脳の老化を避けることはできないのか、脳をより活性化することはできないのかという問題に直面します。

じつは、私たちの能力の発揮を妨げているのは、悩みそのものです。悩んでいる時には精神を集中できない。苦しんでいる時には自分に自信がもてず、そのために仕事もはかどらない。つまり悩みが本来の能力を発揮できないようにしているのです。

禅では私たちには本来無限の能力が授けられているとしています。

日本の曹洞宗の開祖である道元禅師は『普観坐禅儀』の中で坐禅をすると「宝蔵自ずから開く」と述べています。つまり私たちの本来もっている無限の宝が自然に出されるというのです。

一休禅師は「一寸の線香」という詩の最後に「三十二相　八十種　自然に荘厳す本来の人」と詠っています。三十二相、八十種とは仏の姿、能力をいいます。それが坐禅をすれば自然に具わり、現れてくるというのです。

つまり考えないということがかえって能力を発揮させるのです。同じことは老化についてもいえます。私たちの脳も老化します。機能も衰えます。しかし、「考えない」ことで能力を高める、本来もっている能力を発揮できるなら、トータルとして脳の働きを高めることができることになるのです。

●心を苦しめる考え方はすべて間違っている

たとえばうつの場合ですが、うつ病では脳へのストレスの刺激が神経系を伝わり、副腎皮質という部分から副腎皮質ホルモン、コルチゾルを出させます。これは脳細胞に働き、その機能を抑えます。さらに長い間出されると、脳細胞は死滅してしまうのです。実際長くうつを病んだ人の脳は小さくなっています。また認知症になる率も高いのです。

このように考えると脳の機能を高め、維持し、老化による低下を防ぐには「考えない」、「妄想を排する」ことが最も効果があるといえるのです。

現在は競争の社会だといわれます。嫌でも国内、国際的な競争にさらされています。この闘いに敗れると生活それ自体が破綻することになります。そうならないためには自分の能力を最大限に発揮し、全力をあげて仕事なり、人間関係に当たることが至上命令になるのです。それには、無駄な脳トレなどをするよりも、本来自分がもっている能力を最大限に発揮させてくれる禅を知り、坐禅で本来の人になる努力をすることが最も急務だと思われるのです。

私は最近、心を苦しめるような考え方、常識、社会通念、教えはすべて間違いであると思っています。心を苦しめなければ、心は思う存分に働くことができるのです。もし、考えすぎるなら、心が苦しみ、心が働かなくなります。むしろ「考えない」ことのほうが脳が集中して働くことができ、脳が働いていない時には休息もでき、脳にとってはるかによいということも分かってきているのです。

達磨《だるま》大師は「考えることが心を苦しめる」と述べ、江戸時代の盤珪禅師も「記憶こそ苦の元」と言っています。無理に記憶をよくさせようというような脳トレはしばしば逆効果で、心を苦しめ、脳の働きを妨げるのです。

2章　心を傷つけないこと、それを第一に心がける

1　次々と新薬が出るが、うつを治せない

●動物に心はあるか

心とは何か、動物に心があるかということは大問題です。後に述べる禅の公案（「無字の公案」あるいは「趙州狗子の公案」といわれるもの）でも取り上げられています。動物、とくに霊長類、さらにチンパンジーのような類人猿には心はあるでしょう。そこでここでは言葉を使って考える、あるいは言葉で考えるのを心と定義しましょう。

それでもチンパンジーは言葉を理解できるという意見もあります。しかし、言葉で意見を表現できません。チンパンジーの実験でコンピューターの前に座っているチンパンジーが言葉を指で押す姿がテレビで放映されます。しかし、これは記号、図形としての言葉で、私たちが考えたり、話したりすることに用いる言葉ではないといえま

す。その意味で、言葉で表現できる心をここでは心として議論します。

動物にもう一つの状態と思われる現象が見られます。2匹のネズミを同じ箱に入れておくと激しく争います。一方が勝つと、負けたほうは隅の方に逃げてうずくまります。その後、2匹を別の箱に入れて真ん中にガラスの壁を作ります。勝ったネズミが見える時には負けたネズミは決してガラスの近くに居ようとしません。

サルの世界でも勢力争いが始終あります。強いサルに脅かされているサルは引きこもりのようになり、集団から少し離れたところでうずくまっています。ちょっとした音にも恐怖を感ずるような姿勢を見せるのです。

●パブロフの実験

また、動物のノイローゼ（神経症）のモデルも作られています。1930年代に米国のエール大学の生理学の教授であったフルトンは犬の条件反射を研究していました。

条件反射は20世紀の初めにロシアの生理学者、イワン・パブロフによって発見されました。彼は犬の唾液の分泌の研究をしていたのですが、ある時、飼育係の男性の足音を聞いて、犬が大量の唾液を分泌することに気づきました。他の人の足音ではそのようなことは起こらなかったのです。つまり、足音を聞くとその後、餌を食べられるということを犬が知っていたから、その反応が起こったのだと考えたのです。

そこで鐘の音を聞かせ、その後に餌を与えるようにしました。しばらくすると鐘の音だけで唾液が出たのです。さらに鐘の音を聞かせるだけで、餌を与えないようにすると犬は唾液の分泌を減らし、最後には鐘の音を聞いても唾液を出さなくなるのです。

これは反応がなくなったのではなく、慣れによって反応が抑えられたのだとパブロフは考えたのです。ある時に鐘の音を聞かせている最中に誰かがドアをバタンと閉めました。その音を聞いた犬は突然唾液を出したのです。パブロフは犬の唾液分泌は慣れで抑えられていたのに、大きな音がこの抑制をさらに抑制したので、唾液が急に出たと考えました。

●実験を嫌がる犬

さて、パブロフは動物の唾液分泌におよぼす餌の作用を無条件反射と呼び、餌の前に聞かせた音による反応を条件反射と名付けたのです。犬は音の刺激と唾液分泌の脳の働きを結びつけるようになったのです。

餌を与える職員の足音と餌を与えることとは関係ない人の足音を犬は区別しています。そこでパブロフはいろいろな周波数の音を聞かせ、条件反射の実験をしました。

最初８００ヘルツの音を聞かせて餌を与えて、この波長の音で条件反射を確立します。その後、少し高い音、９００ヘルツの音を聞かせると、犬はある程度唾液を出します。ところが８００ヘルツの音を聞かせた時には餌を与え、９００ヘルツを聞かせた時には餌を与えないようにすると犬は二つの音を区別し、８００ヘルツの音を聞いた時には唾液を出し、９００ヘルツを聞かせた時には唾液を出さなくなるのです。

そこで今度は８５０ヘルツの音を聞かせて、これが区別できるかどうかという実験をします。すると犬は８００ヘルツの音では唾液を出し、８５０ヘルツの音を聞かせた時には唾液を出しません。

このように二つの音の波長を近づけ、どこまで分別が可能かどうかを調べようとすると、あるところまで波長を近づける段階で、犬は突然暴れだし、唾液を出し流し、部屋の隅にうずくまって動かなくなります。また、その後はこの実験室に入るのを非常に嫌がるようになります。パブロフはこれを犬の実験的神経症と名付けました。まるでヒトの不登校や出社拒否というような具合です。

このように実験をやろうとすると暴れ出すのはイヌだけではありません。サルに非常に困難な課題を与え、これを解決させようとするとサルは突然暴れ出すようになります。

●ロボトミーの始まり

このようなサルの前頭葉を切除するとサルは非常におとなしくなり、実験を嫌がらなくなります。衝動を制御するようになったように見えます。フルトンはこの結果を1935年にロンドンで開かれた国際神経学会で報告したのです。

これを会場の隅の方で聞いていたのが、ポルトガルの脳外科医のエガス・モニツでした。彼は統合失調症や強度のうつ病で心が荒廃し、植物人間のようになった人に前頭葉切除術を行えば、行動も思考、感情も正常になるのではないかと考え、帰国後すぐに20人の患者を選び、前頭葉の切除をしました。患者は強度のうつ病、激しい強迫神経症、ある種の統合失調症などです。その結果7人が治り、7人が改善、6人は変化なしだったと報告したのです。これが前頭葉切断術（ロボトミー）の始まりです。

つまり、これらの動物のモデルは不安やストレスの研究、さらに心を病む患者の治療法の開発に使われています。このような動物の脳はどのようになっているか。ホルモンの分泌や神経系の活動の変化にはどのようなものがあるか。また最近開発された、あるいは開発中の抗うつ剤、抗不安剤、鎮静剤の効果を調べることにも使われています。

●うつ病薬開発の歴史

しかし、これがヒトの場合のうつと同じか、あるいは似ているのかということになると疑問が浮かびます。

最近、うつ病は考え方の病だという意見をもつ人が多くなっています。それは薬が効かないことが多いことにもよります。そもそもうつ病の薬はどのようにして見いだされたのでしょうか。

私たちは何か嫌なことが頭から離れず、いつもそのことを考えていらいらするということがあります。あるいは将来のことが心配になり、何につけても、そのことが思い出され、心配を増幅するということも経験します。こんなことを考えてもどうにもならないと思っても考えを抑えることができないのです。

このような脳の異常な興奮に対してヒンズー教ではインド蛇木という植物の根をしゃぶらせて治しました。これをしゃぶると気分が落ち着いたのです。１９３０年代にインドの内科医がインド蛇木の根には精神を鎮静させる成分があると報告しました。するとスイスのチバ社の研究者がその成分を抽出し、これをレゼルピンと名付けたのです。

レゼルピンにはたしかに鎮静作用があるのです。いらいらは治り、気分が平静になります。嫌なことを思い出さなくなります。ところがレゼルピンは血圧を下げる作用があるということが分かりました。

この世には高血圧で悩む人が多いので、会社はこれを降圧剤として１９５０年代に売り出したのです。日本でも大変使われました。ところがこの薬を使っていた人にうつの症状が現れました。何もやる気がしない、過去の自分の失敗が思い出され、「なぜあんなことをしたのだろう。なんと自分はだめな人間なのだ」などといつも思われるのです。さらにこの中から自殺者も出たのです。

●モノアミンが減るとうつになる

会社も非常に驚きその原因の解明を急ぎました。そこでレゼルピンをラットなどに与えてみて、脳がどのようになっているかを調べたのです。本来神経の末端には神経伝達物質が袋に入って蓄えられているので、いろいろな神経の末端を顕微鏡で調べたり、そこに存在する神経伝達物質を調べました。

普通は感情を支配するような場所、辺縁系の神経の末端には多くのモノアミンが存在します。ところがレゼルピンの投与後に脳内神経末端にモノアミンといわれる物質、ドーパミン、ノルアドレナリン、セロトニンがほとんどなくなっていることが分かったのです。つまりモノアミンが減ると感情は暗くなり、うつになるということが分かったのです。

●うつに効いても高血圧になる薬

戦前は結核は不治の病でした。その薬としてストレプトマイシンが発見され、治療が可能になったのですが、この薬には難聴という副作用が伴いました。そこで結核の治療薬として、合成した化学物質がないかが探されました。その一つにイプロニアジドという薬が使われました。

この薬を用いて結核を治した人たちは精神が非常に高揚し、気分がよくなったのです。結核が治ったというだけでは説明のつかない高揚感をもったのです。イプロニアジドを与えた動物の脳を調べるとモノアミンの量が非常に増していたのです。これはモノアミンの分解を阻害していたからなのです。

1950年代にニューヨークの精神科医のナタン・クラインはイプロニアジドをうつ病の患者に投与し、著効を上げました。イプロニアジドはうつ病の最初の薬になったのです。

ところがイプロニアジドはモノアミンに似た物質を分解しないようにします。とくにチーズなどに入っているチラミンという物質を分解しないようにさせるので、服用者は血圧が上がり、脳出血を起こすなどという副作用を引き起こしました。その結果イプロニアジドを服用している人は厳しい食事制限を受けなくてはならなくなりました。

●眠気を誘う薬もうつに効く？

私たちは風邪を引いて薬を処方されますが、時にこれを飲むと眠くなるということを経験します。これは抗アレルギー剤に眠気を引き起こす作用があるからです。

当時、長時間の睡眠を与えると精神障害が治ることがあると信じられていたので、アレルギーの眠気を起こす物質からイミプラミンという物質が開発されました。これもうつ病の患者に使われたのです。スイスの医師、ローランド・クーンはこれを500人以上の患者に与え、有効だったと報告しました。

彼は患者の意見として次のように述べました。「それまでは頭の中を同じことばかりが終始占領して、苦しい思いを続けてきました。現実にはなかったことに罪の意識を感じ、悩まされてきたのに、いま、頭をいっぱいにしているのは、将来の計画である。罪責妄想、貧困妄想が目に見えて減った」、また「いまはそのようなことを考えなくなった」などと述べる患者が多くいました。いまこの文章を読まれているうつに悩む方には身に沁みる言葉ではないでしょうか。

この薬はモノアミンができるだけ長くシナプス間隙に存在して、次の神経の受容体を刺激するようにさせるものです。

●画期的な薬の登場

ところで脳内のモノアミンの量を減らし、うつ状態にするレゼルピンは血圧を下げます。このような患者にセロトニンを増やす薬を与えるとうつ病が早く改善するということが分かってきました。そのような中で米国のイーライ・リリー社がプロザックという薬を開発しました。これはセロトニンのみの再取り込みを抑えるので、選択的セロトニン再取り込み阻害剤（ＳＳＲＩ）と呼ばれました。これまで世界中で３００

0万人が使用したという大ヒットの商品になったのです。現在日本ではパキシル、ルボックスなどの商品名で売られ、もしあなた、あるいは知り合いがうつ病になると100％近くこの薬が使われます。

さらにこの薬は人の性格まで変えると宣伝されました。精神科医のピーター・クレーマーはその著書『驚異の脳内薬品』の中でプロザックで性格が変わり、人生が好転したという例を多くあげています。

1994年2月7日号の『ニューズウイーク』誌の表紙には「内気、忘れっぽさ、心配性、怖がり、執着にさようなら！　一粒飲めば、科学の力であなたの性格が変わります」としてプロザックのもつ人格を高める力が強調されています。

さらにセロトニンは脳内で利用された後に分解され、5HIAAという物質になります。セロトニンは脳内から外に出てきません。うつ病の患者がセロトニンが少ないという説は、当然分解産物が少ないという結論を生みます。それでこの分解産物の量を調べてみようということになりました。

その結果、うつ病の人の尿中、脳脊髄液中の分解産物の量は少ない、さらに自殺者の場合にはこれが少ないと発表されたのです。

●どっこいうつは生きている

ところがその後の研究で分解産物の量が低いのはうつ病患者の4分の1で、4分の1の人はむしろ尿中、脳脊髄液中の分解産物の濃度が高いこと、さらに半分は正常値だったことが分かったのです。さらにうつ病の結果自殺した人の脳内のセロトニン、その分解産物の量も正常のことが多かったのです。

じつは現在うつ病の人の脳ではセロトニンの量があまり変化していないことが多いというのが結論になっています。また新しい抗うつ剤の中にはセロトニンの再取り込みにはまったく作用しないものもあるのです。

このことは他の向精神薬の効果の場合にもいえるのですが、たしかに薬が効くことはあっても、それだからその薬が働くとされる神経系に異常があるとはいえないということです。

2 〝間違った考え方〟が心を傷つける

●うつに薬は効かない

薬は効かないかもしれないということから、うつ病は脳の物質の変化によるのではなく、考え方が間違っているために、心が傷つけられ、感情が病的になるというように考えられるようになったのです。

では、どのような考え方が感情を病的にし、やる気を失わせ、気分を暗くし、自己否定の考えを生むのでしょうか。

いくつかありますが、最も多いのが白か黒かの考えです。つまり、何かがうまくいけばすばらしいが、うまくいかなければもうおしまいだ、希望もなく、将来もない、自分はだめだと思う考え方です。

次は拡大解釈といって、何かがあると、その考えをどんどん発展させてしまうのです。何か失敗をすると、自分はだめな人間だ、もっと失敗するのではないかと怖れ、不安になるのです。

また自責の念も重要です。ちょっとしたことで「なんと自分はだめな人間だ」、「他の人は皆うまくやっているのに、なぜ自分だけできないのだ」と自分を責める考え方です。

●人に「考える」力があるからうつになる

このような考え方で苦しみ、うつ状態になるなどということが動物で起きているとはとても思えません。明らかに人間に特有の考え方です。それは「考える」という力をもったから生まれる苦しみといえます。ですから、うつ病は考える心をもつことの代償だというのです。

ところで今述べた「ものの考え方」が心を苦しめる感情を生む、だから考え方を変えようという提案は認知療法と呼ばれています。これは自分を苦しめる考え方は間違いだと、心を苦しめる考え方に挑戦します。

たとえば「自分はいつも失敗ばかりするだめな人間だ」という考えが浮かんだ時に「失敗するのは自分ばかりではない、人間は失敗するものだ」と反論します。それに対して心が「しかし、周囲の人は自分よりも失敗せず、仕事をどんどん楽に進めている」と反論してきます。それに対して、「それは他人を知らないからで、彼らも苦しんでいるのだ」と反論します。心はさらに「でも周囲の人は上司に信頼され、新しい仕事を任されている」と反論してきます。それに対して「それは一時的なことだ。だれでも得意、不得意はある」と反論するのです。このように、最後に自分が満足するまで反論させ、「自分は悪くない」、「他人もだめだ」という考えに落ち着かせるのです。

これを「こじつけ」と批判する人もいます。しかし、認知療法の教えるところは「人間はこじつけでも何でも心が楽になる考え方がよいのだ。心を苦しめる考えは間違っているのだ」ということなのです。

うつは苦しむ心の悲鳴です。心を苦しめない工夫以外にうつを防ぎ、うつを治すことはできないのです。

3章　心を苦しめない方法を見つける

1　心の病と脳の物質の異常は関係がない

●脳の物質を調べる

私たちの脳は物質からなっています。脳の働きが心とすると心の病は脳の物質の異常によると考えるのは普通と思われます。物質の異常とは、ある物質が多いとか少ないという異常もあるし、ある物質が作用しにくい状態が脳にあるという場合もあります。多くの物質は受容体という鍵穴のような物質に結合し、作用を発揮します。この受容体が異常の場合、あるいは多すぎる、少なすぎる場合も物質は正常に作用できません。

心の病をもつ人たちの脳を調べ、物質に異常があるかどうかは脳と心に関心のあるすべての研究者の努力の対象です。とくに脳の科学が発達してからこの解明に大きな期待が寄せられるようになりました。

体の中の物質はそれを作る指令を出す遺伝子により産生されます。もし物質の有無、量に変化があることが心の病気を生んでいるとするなら、その物質を支配する遺伝子に異常があるはずです。

それには心の病をもつ人たちの間で病気が遺伝的に受け継がれているかどうかを知る必要があります。ここでは心の病として統合失調症とうつ病をあげましょう。

●統合失調症と遺伝は関係がない

統合失調症は性別、文化、国籍、時代の如何を問わず1％の割で存在するとされます。一卵性双生児の一方が統合失調症になった時にもう一方の人が統合失調症になる率を一致率といいますが、大体70％くらいとされます。これは生まれてすぐに養子に出して、生活環境が双子で異なっていても、あまり変化はありません。つまり環境や育てられ方の影響ではないようです。

同じことはうつ病、躁うつ病（双極性気分障害）についてもいえます。最近の研究ではうつ病のような単極性の気分障害の一致率は80%、躁うつ病のような双極性気分障害の一致率は65%とされます。兄弟の場合には単極性も双極性気分障害も一致率が20から25%くらいです（二卵性双生児も同じような率です）。

このような結果を知ると、では遺伝子に違いがあるのではないか、統合失調症、躁うつ病の患者には正常の人の場合と異なった遺伝子、あるいは遺伝子の構成成分（塩基といいますが）が見つかるのではないかと考えるのは当然です。

これまでじつに多くの研究がされ、統合失調症の場合には何番目の染色体の遺伝子が異常であるとか欠けているとかいう報告がありました。しかし、その後の研究でことごとく否定されているのです。

いままで数多くの遺伝子の発表がありました。その内でも重要なものはドーパミンという神経伝達物質の異常を示す遺伝子です。なぜなら統合失調症の場合にはドーパミンの受容体が増加しているという説が有力で、統合失調症の薬はドーパミンと受容体、とくにD2、D3という受容体との結合を阻害するものです。ところが、多くの統合失調症の患者はドーパミンの作用を司る遺伝子に異常はないのです。

最近英国の科学雑誌『ネイチャー』に日本も含めた多国籍の学者の共同研究が発表されました。統合失調症には1番と15番のある場所に千から数百万の塩基の欠落や重複があるということが発表されました。

問題はこのような遺伝子の変異をもっている人は患者の数千人に一人くらいであるということです。つまり、大部分の患者はこの遺伝子だけでなく、他の遺伝子にも異常がないということです。

最近統合失調症は胎児の際の環境に異常があるからだという説も出されています。つまり、それだけ遺伝子かどうかが分からない病気が心の病といえるのです。

ではうつ病の場合はどうでしょうか。

●うつ病も遺伝とは関係ない

うつ病の遺伝子の解明には家系の記録がはっきりしている人たちの遺伝子を調べる必要があります。米国のペンシルバニア州のフィラデルフィア郊外にアーミッシュというキリスト教の集団が生活しています。彼らは伝統を守り、文化を否定した生活をしていることで映画にもなりました。この人たちは宗派の異なる人と結婚をしませんし、この村から外に移住しませんから、ほとんどの人の家系をたどることができるのです。

同じことはユタ州のモルモン教徒にもいえます。彼らも宗派の異なる人と結婚をしない生活をしているので家系を古くまでたどることができるのです。そこでこのような家系の人で自殺者を多く出している一族の遺伝子を調べて、どこに異常があるかを研究したのです。

じつに多くの研究が発表されました。それも普通の科学雑誌でなく、『ネイチャー』とか『サイエンス』のような世界のトップクラスの雑誌にノーベル賞を貰ったような人が論文を出したのです。ある人は性染色体のX染色体に異常があるとか、別の人は別の染色体の異常を見つけたと報告したのです。ところが、後にこれらを追試することができないという報告も多く出され、結局遺伝子は見つかっていないのです。

●統合失調症と脳の物質の異常も関係ない

さて遺伝子が見つからないということになると、物質の異常が本当にあるかということになります。統合失調症の患者の脳を直接調べることは非常に困難です。そこで、治療に用いられる薬の働きや幻想、幻覚などを引き起こす物質の作用を調べることから追跡が始まったのです。

覚醒剤として知られるアンフェタミンという物質は脳内のドーパミンを増やします。ところがこの薬の依存症になり、アンフェタミンを使い続ける人に強い幻覚症状が出ることが多いのです。まるで統合失調症になったようです。またコカインもドーパミンの量を増すので依存症になると幻想、幻覚が生まれます。

もう一つは薬の発見による病因の解明です。抗ヒスタミンの作用をもつ物質を手術前に与えると患者はリラックスして、麻酔効果が高まるということが見つかりました。1952年にフランスの二人の精神科医がこれを統合失調症の患者に与えたところ、患者の幻覚が抑えられ、誇大妄想も軽減することが見つかったのです。これがクロールプロマジンです。これはドーパミンの働きを阻害する薬です。

問題は統合失調症の患者の脳のドーパミンと結合する受容体に異常がないことです。

また数も増えていないのです。

●うつ病に抗うつ剤は効かない

ではうつ病はどうでしょうか。前に述べたように脳内のセロトニン、さらにノルアドレナリン、ドーパミンのようなモノアミンといわれる神経伝達物質が減っているというのがうつ病のモノアミン仮説です。

それを支持するような研究結果がいくつか出されました。一つは自殺者の脳を調べるとうつ病の患者の脳内のセロトニンが減っているという報告です。さらに脳内の特定の部分、とくに前頭葉の内側にあるP25といわれる部分のセロトニンが減っているという説も提示されました。ところがその後の多くの研究の結果うつ病の患者の脳内のセロトニンの量は増えている場合もあり、減っている場合もあり、正常人と同じ場合もあるということが分かったのです。

たしかに抗うつ剤のSSRI（選択的セロトニン再取り込み阻害剤）は効果を示す場合もあります。しかし、本当にセロトニンがシナプスから除かれることを防ぐことによって効果を発揮できるのかどうか分からなくなってきました。

そうこうするうちに抗うつ剤、ＳＳＲＩは効かないのではないかという思いをもつ患者が多くなりました。２０１０年5月3日から5回に亘る読売新聞の「うつ治療を見直す」という特集で、うつ病の治療法に問題があるという点が指摘されています。

見出しは「一日17錠―症状は悪化」です。「うつ病の治療を続けている神奈川県の主婦（36）は、一昨年に出産した直後から、処方された薬の種類や量がどんどん増えた。精神科診療所で『いらいらする。夜寝付けない』と訴えると、もともと飲んでいた抗うつ薬、睡眠薬、抗不安薬に、別の睡眠薬と抗不安薬が加えられた」という書き出しで始まっています。半年後には統合失調症にも使われる抗精神病薬も加わって一日17錠になり、症状は悪化したと書かれています。

私はインターネットでうつ病患者の相談を受けていた時があります。その時、患者がじつに多くの薬を処方され、薬を止めたがっていることを痛感しました。

2　プラシボでも薬の75％の効果がある

●夢の薬にも疑いの目が

このように薬が増えているということは薬が効いていないのではないかという疑いをもたせます。

1980年代に最初のSSRIであるフルオキセチン（商品名：プロザック）が開発、発売されると瞬く間に世界中で使われ始めました。そして、これでうつ病は治るようになったというような記事が多くの新聞、雑誌に出されたのです。

1990年に米国の雑誌『ニューズウイーク』に「うつ病の画期的治療薬」としてプロザックのカプセルの拡大写真が載ったのです。その号では「プロザックの約束」という特集が組まれました。プロザックはうつ病を治すだけでなく、性格も明るく外向的に変えるという内容で、服用している人の礼賛の声が載せられていました。とくに性格が外向的になるというので、セールスマンに使う人が多く、それにより外商に成功することが多くなったという記事も載せています。

精神科医のピーター・クレーマーの書いたListening to Prozac（日本語訳は『驚異の脳内薬品―鬱に克つ「超」特効薬』）は大ベストセラーになりました。さらにその後、さまざまなSSRIが合成され、販売されるようになりました。

ところが、これらの薬が効かない、あるいは再発が多いということで多くの研究者、医師がSSRIなどの抗うつ剤の効果に疑問をもつようになったのです。

●抗うつ剤の4分の3はプラシボ効果

ここでメタアナリシスについて説明しましょう。

薬の効果は多くの施設で繰り返し調べられています。多くの薬は最初は非常に効果があると報告されることはすでに述べました。多くの医薬品の場合には、本当に効くのかどうかが繰り返し調べられています。その結果、ある報告では効果があるとされ、別の報告では効果はあまりないなどとされます。では、これらの報告を読んだ人は、その薬をどのように評価したらよいかが問題になるのです。ここで登場するがメタアナリシスという方法です。

メタアナリシスで二つのデータの差として表現されるのが効果サイズ（effective size）と呼ばれるものです。これが大きいほど差があるといえるのです。メタアナリシスではこれを使います。その結果、０・２では効果は少ない、０・５ではかなりある、０・８では差は大きいとされます。

コネチカット大学の心理学のアーヴィン・カーシュ（Irvin Kirsch）教授は、１９９８年に多くの抗うつ剤の効果を総合的に検討するメタアナリシスという方法を用い、抗うつ剤の効果のほとんどがプラシボだという論文を出し、人々を驚かせました。

英国のハル（Hull）大学の心理学の教授をしているカーシュ教授はそれまでの多くの抗うつ剤の研究を調べ、研究方法がしっかりしていて、ちゃんとプラシボとの比較をしている38の研究をまとめました。うつ病の薬物、心理療法は非常に効果がありました。先にも記したように効果サイズは、メタ解析の差の程度を表すものですが、

0・3以上なら差があったとします。1・4などというのは薬を投与した人とそうでない人の間に非常に差があったということになります。

問題はプラシボの効果です。じつはプラシボでも薬、心理療法の効果の75％くらいの人に効果があったのです。

つまり抗うつ剤の効果の4分の3はプラシボ効果だというのです。これは精神科の医師の間で猛反発を引き起こしました。まず、統計の取り方、メタ解析の仕方が悪いというのです。そこでこの方法についてさらに専門家に調査を依頼したのですが、方法に誤りはなかったのです。

●うつは「過った考え方」のせい

そうこうするうちにFDAにある論文になっていないデータも入れて解析したらどうかという提案があり、カーシュは新たにデータを再検討しました。しかし、結果は同じか、もっとプラシボ効果が大きかったのです。

この結果が公になると、英国の『タイムズ』紙、『ガーディアン』紙、『デイリーテレグラフ』などが一斉に抗うつ剤はプラシボがほとんどだという文章を掲載し、この研究結果は一般社会にも大きな衝撃を与えることになったのです。

同じことは薬の副作用についてもいえます。薬が効くという評判が立っている間は副作用があまり問題視されません。あるいは副作用が強くないという不思議な現象が起こるのです。ところが副作用があるという情報が伝わりだすと、急に副作用を示す患者が多くなります。

うつ病の薬の作用がほとんどプラシボだということになると、では効かないのかということになります。

さらに多くの研究では投薬の効果はうつ病が重度になるにしたがって出るとしています。軽度、中等度のうつ病にはプラシボに比べて効果があるとはいえなかったのです。非常に重症なうつ病には投薬は効果があったことになります。しかし、その効果はそれほど著明なものではありませんでした。

これらの結果は軽い、あるいは中等度のうつ病の場合にはＳＳＲＩなどの抗うつ剤はプラシボ効果以上のものではなく、重度のうつ病でもそれほどうつを軽減する効果はなかったということを示しています。

これらの研究は心の病、とくに感情の病は脳の物質的な異常によるとはいえず、薬で治すことはできにくいということを示しています。つまり心の病は心のあり方を変える以外に治す方法はないのです。

少し長くなりましたが、心の病は心のあり方を変える以外に治す方法はないということを知ることは非常に大事です。そのことが分かると、では心を変えるにはどのようにしたらよいかという問題に真剣に取り組めるようになります。そしてその解答の一つとして、長く人々の関心を惹き、それにより心のあり方を変えることができたと主張する人も多くいる禅が注目されるのです。

うつ病は心が苦しみに耐えられなくなっている状態です。それは心を苦しめ続け、傷つけ続けてきたからなのです。薬を使うと治るとはいえないという最近の研究を紹介しました。薬を実際に使っている人は、頭がぼんやりして働かない、考えられないと訴えます。まるで悩まないために行われた前頭葉切断術（ロボトミー）のようです。これを薬によるロボトミーだという人もいます。

しかし、無理に考えないようにさせても薬の投与をやめれば、また考え、自分を苦しめるのです。過去を思い出し、「なぜ自分はだめなんだ」と自分を責めてしまうのです。

つまり、心を苦しめない方法を見いだすことができなければ、うつ病は決して治らないのです。

４章　考え方のゆがみを直しなさい

1　心から否定的要素を消し去る

●認知療法とは?

うつ病が薬で治らない、ではどうしたらよいのかということになります。そこで登場したのが認知療法(認知行動療法)です。実際、英国ではうつ病の患者はまず認知療法のような心理療法を受け、それでも治りにくい場合に薬が処方されるようになっています。

認知療法ではうつ病は感情の病だとは考えないのです。風邪を引いて、鼻水が出ることが風邪の原因ではないように、深刻な感情というものがうつ病の原因ではなく結果だとするのです。別の例をあげると下痢です。下痢は腸内に有毒な物質が入ったとか、腸が炎症を起こしているために起きます。この時に下痢止めをやっても、その原因は取り除けないし、そもそも有毒物質は腸内に残り、かえって体にとってよくないこともあります。

つまり気分が暗く、苦しく、未来に希望が見いだせないのはあなたのゆがめられた考え方の結果だとするのです。

つまり自己否定的な考え方は、かならずうつ状態を引き起こします。

●「思い込み」が苦しめる

私の知り合いの弁護士は非常に有能で、よい業績を上げています。ところが自分のしたことに価値を見いだせないと苦しんでいるのです。つまり、自分がなしたことに価値を置くことができず、むしろ自分の失敗や、他人を苦しめたということを思い出して自分を責めています。

「自分がうつ状態になると、自分の未来には希望がないように思え、自分がやったことがまったく価値がないように思える。しかも自分が過去にいかに人に笑われるような恥ずかしいことをしてきたか、いかに間違ったことをしてきたかということが次々と思い出される。知り合いは皆、そのことを知っていて、自分を軽蔑しているように思える。さらに失敗しないようにすることはどうしてもできないように思えるのだ。何をしても価値をもつようなことは成し遂げられないように思えるからだ」

彼の言い分を聞くと、話す内容の中に、いかに後ろ向きな「思える」という言葉が多く出てくるか分かります。つまり、彼が暗く、喜びがなく、苦しい感情のみに支配されているのは、彼の考え方そのものが、悲観的な感情を生んでいることを示しているのです。事実と関係ない「思い」が彼を苦しめていることがよく分かるのです。

●「考え方」を点検してみよう

このような例からも分かるように、否定的な考え方、考えのゆがみがうつの根本原因だということが、これまでのうつ病の診断、治療では見逃されてきたのです。ここに着目し、新しい治療法を確立したのが、米国のペンシルバニア大学の精神科のアーロン・ベック教授です。

あなたが何かの理由でうつ状態になった時には、いつも考え方を点検してみましょう。否定的な考え方があなたのうつな気分を生んでいるのだから、この考え方を変えないとうつは治らないし、この考え方を変えることでうつは治るのです。

しかし、あなたが何かを感ずる時に、ある感情は一瞬にして生まれるので、その感情を変えることは不可能と思われるかもしれません。しかし、いま外界で起きていることには、何も意味はないのです。あなたがそれに意味をつけていて、その結果あなたは明るくも暗くもなるのです。解釈の結果が感情になるのです。

つまり、あなたの心の思いが感情を生んだのです。だからあなたにとって面白くない現象も、他の人にとっては楽しいということはあるのです。たとえば株のことを考えてみましょう。もしあなたが株をもっていて、それが下がればあなたは面白くなく、気分が暗くなります。しかし、しかし、株をもっていない人はなんでもないのです。つまり株価の上下そのものには感情を変える力はないのです。それにあなたが意味をつけ、その結果があなたの感情なのです。

私たちは周囲の人にどのように思われるかを気にします。しかし、これが程度を越すと、悪く思われることをやたらに気にして、不安になり、じっとしていられないようになるのです。また、自分に自信がないので、何かの困難にぶつかった時に、それに対応できません。

一方このような人はいつも仕事のことを考え、周りの人がどのように思うかを気にします。その結果仕事を休むこともできないし、他人から頼まれた仕事を断れないのです。

しかし、このような態度とか感情は考え方の結果であり、原因ではないのです。あなたの考え方がこのような態度を生み、つらい感情を生んでいるのです。ですからこの考え方を変えない限り、あなたの感情、態度は変えられないのです。

●10のマイナス思考

私は認知療法は新しいものの考え方、うつ病への対応の仕方だと思っていました。ところが、最近、心が最も大事だという考え方を抱くようになると、認知療法は「心が楽になる」考え方、手段であり、医師は「どのように考えてもよいから楽になれる考え方をしなさい」と言っているのと同じだと気づきました。

認知療法では、心を苦しめる考え方を〝ゆがめられた考え〟といいます。それを述べましょう。

ここでゆがめられた考え方を列記しましょう。

1）二者択一――白か黒の考えである。あることで失敗すると、それですべてがだめになり、意味がなくなるという考え方です。

2）単純化――何かあるとすぐにその出来事がなぜ起きたかの理由をさぐり、実際それが理由かどうか分からないのに、それに基づいて結論を出してしまう考え方です。上司に用があって電話をかけたのに返事がない。それは昨日、自分が上司に反論したから、気分を害しているのだ、などと考える考え方です。

3）知的フィルター――自分の過去、今起きていることについて、自分に都合が悪そうなことのみを取り上げ、心配したり、自己批判をするのです。

4）肯定的なことを無視――これは知的フィルターに似ています。他人の褒め言葉を「あれはお世辞だ。本当は別のことを考えている」などと勘繰り、何を言われても、うれしいと思わないなどというのはこの典型的な例です。

5）結論を急ぐ――自分がちょっとでも失敗したり、約束の時間に遅れたりすると、周囲の人はそれで自分を嫌い、みな自分に悪い感じをもっている。自分は好かれていないと結論づけてしまう考え方です。

6）拡大化と矮小化――自分の能力、周囲の人の能力を正当に評価できず、自分はだめで、周囲の人は自分ができないことができるなどと思う考え方です。

7）感情の理由づけ――私たちの感情は外界の出来事、過去の出来事をどのように考えるかで決まります。感情は事実ではないのです。ところが、感情からそのものとになる事実の是非を判断する考え方をしがちです。たとえば、自分はなんとだめな人間なのだ、自分は人に迷惑かけてばかりいると考え、悩んでいる場合に、このような感情をもつ以上、自分は本当にだめなはずだと感情から逆に考え方をつくりだそうとするやり方です。

8）Mustの考え――自分は反省しないで生きるべきだ、しかしいつも反省するから自分はだめだと考える考え方、あるいは他人に対して、自分はこんなに一生懸命にやっているから、自分を認めるべきだとmustを強制する考え方です。

9）ラベル化――これは決め付けです。何か失敗したり、恥ずかしい思いをしたような時に、「自分はだめな人間だ」、「自分は何をやっても失敗する落伍者だ」と決め付ける考え方です。

10）自責――なんと自責の念をもつ人が多いことでしょうか。本来自分の責任でないことについて苦しむ、あるいは自分の責任でも、どうしようもないようなことについて苦しむ考え方です。

2　心を傷つける考え方はすべて悪である

●常に前向きに考える

このような考え方を変えるための工夫が認知療法の治療法です。認知療法ではこのようなゆがめられた考え方への反論をさせるのです。前にも少し述べましたが、反論というのは、あなたの心の中の批判者に反論するのです。日本人は受身で、真っ向から反論することを好みません。しかし、これはあなたのマイナス思考、うつが治るかどうか、あなたが一生苦しんで生きるかどうかの問題なのです。思い切って反論することによってのみ、あなたのゆがめられた考えを変えることができるのです。

一つの例をあげてみましょう。

人に愛されないということについて苦しむ人、独りになることを恐れるあまりうつ状態になった人への応対です。

私　：自分が苦しい時にだれも助けてくれないのではないか、無視されているのではないかと恐れています。

反論：しかし、それはあなたの思い込みで、誰も助けてくれないなどということはないのだ。もし、交通事故に遭って救急に運び込まれたような場合には、孤独であろうが、そうでなかろうが、医師は処置してくれる。友人が多く、仲間が多い人だけが、助けてもらえるなどということはないではないか。

私　：しかし、独りだと自分が下す決断を相談する人がいないことが苦しい。だから、どうしてよいか分からなくなる。

反論：しかし、私たちは日常、すべての判断を他人に任せているわけではない。何を着るかなどということは自分で決めている。孤独の人も友人が多いと思われる人も大部分の決断は独りで決めているのだ。

私　：しかし、相談する人がないと間違った判断を下してしまうのではないかと恐れている。友人が多い人は相談にのってくれる人も多く、正しい判断を下せるのではないか。

反論：しかし、独りで結論を下し、決定して間違ってもそこから何かを学ぶことができる。誰も完璧ではない。友人だって間違った判断を教えることがある。不安定というのは人生の一部なのだ。それは人生に適応する一つの手段なのだ。うまく行った時には自分がやったのだと喜びを感ずることができるではないか。

と対話と反論は連綿と続くのです。そして気がすむまでこれをさせるのが認知療法です。これを見てどのように思うでしょうか。うつ病は心が苦しむ病であり、その治療法は、苦しまないようになるならどのような考え方をしてもよいということになるのではないでしょうか。

つまり、正しい考え方などはなく、楽になる考え方と苦しい考え方だけがあり、もし、ある考え方をすればあなたは苦しむし、その結果生きることもできなくなる。別の楽になる考え方ができれば、あなたは苦しまなくなり元気になるということなのです。

●「友人がいない」ことへの反論

さらに認知療法のことを続けて述べましょう。いまのように独りになるのが怖い、人から友人がいないと思われるのが怖いという人に、独りであることに自信をもたせようとする試みもなされます。それは「独りである」ことの利点を書き出させ、それを読み返させるのです。

カウンセラーの指導のもとに患者は次のように記述しました。

1　独りでいることにより、自分で何かをし、何かを知り、何かを感ずる機会を与えてくれる。

2　独りでいると、友人とか仲間がいれば、気兼ねしたりしてできないことができる。

3　独りでいることにより、自分で決断する強さを養成できる。

4　独りでいることにより、他人に責任をかぶせないような人間になれる。

5　女性の場合には独りでいることで男性に頼らない生き方を模索でき、可能性を確かめられる。

6　女性が独りでいると、女性が生きていくための問題点がよく分かり、将来他人の相談などに乗ることができる。

このような心の対話も結局自分が楽になる考え方を探り、否定的な自分に納得しないようになる訓練になるのです。

●認知療法の対話例

私たちは他人と自分を比較します。世の中には自分より勝れ、自分よりうまくやっている人は数限りなくいます。それだけではありません。周囲の人にくらべて自分は意味のない人生を送っているのではないかと悩む人も多くいます。認知療法はこのような場合にどのように考えさせるのでしょうか。

私たちは常に心の中に自分を批判する声を聞きます。それとの対話を示しましょう。

批判者：お前は働きもよくなく、友人にくらべて成功していない。怠け者でだめな人物なのだ。

批判者：お前はだめな人間で価値がないのだ。どうして人はお前などを尊敬するか。

批判者：価値のない人間は幸せにはなれないのだ。

このような考えは私たちを苦しめます。その時に反論をするのですが、すぐれた医師はその反論ができるように考え方を指導します。

例：人間の価値などは、頭で考えたもので、現実には存在しないのだ。そもそも価値などというものはないのだ。価値とは何かなどといっても測ることができないものではないか。それどころか心を苦しめる考え方に過ぎない。

価値を考えることは不幸をもたらすことになるのだ。価値がある、ないなどという考えを捨ててしまいなさい、そうすれば価値があるとかないという恐れはなくなるのだ。「真の人間」とか「価値ある人間」などという言葉には意味がない。それを捨てることをなぜ恐れているのか。価値などを捨ててしまうことで何も困ったことは起こらないと教えるのです。

そこで次のような対話を示しましょう。

心の声：お前は価値がない人間だ。

反論　：もちろん、自分は価値がないかもしれない。たしかに、自分が価値ある人間であるとする何ものもない。これは認めよう。でもそれが何なのだ。何か悪いことでも起こるのか。

心の声：価値がないのだから、惨めな人間なのだ。

反論　：価値がないとどうして惨めなのだ。何か具合の悪いことでもあるのか。

心の声：どうして自分を尊敬できるのだ。

反論　：自分はだめかもしれない。しかし、自分を尊敬はしている。尊敬できると思う。周囲の人も自分を大事にしてくれている。

心の声：そんなことはない、価値のない人間は幸福にはなれないのだ。

反論　：価値がないなどということはそんなに悪いことではないというのが自分の人生観だ。他人は価値があるかもしれないが、それがどうしたのだ。どんな幸せがあるのだ。

この対話では「成功は人間の価値に何も加えない」という反論をするように指導しているのです。

これを見ても分かるのです。医師もカウンセラーも「どんな考えでもよい、自分が楽になれれば、それがよい考えだ」ということを納得させようとしているのです。

このことは禅の立場とまったく同じではないでしょうか。

心を傷つけてはいけない、心を傷つける考えはすべて悪である、間違いである。だから、心を傷つけないように考えなさいと禅は教えているのです。

5章　「妄想」を止めるのが「考えない」ということ

1　いま必要な「考えない」工夫

●何も思わず10数えるのも難しい

余計なことを考えず、嫌なことを思い出さない修行として最も有効なものは坐禅だと思っています。その実践法は後に詳しく述べることにして、日常生活で考えないことがどんなに大事で、それがどんなに私たちの人生を豊かにし、苦しみを軽減するかについて説明しましょう。

試みに次のことをやってみてください。坐禅では自分の息を数える数息観《すそくかん》を教えます。これはゆっくりと息を吐く時に、「ひとーーーーーー」と心で唱え、吐き切ったら、今度は「つーーーー」と心の中で唱えながら息を吸うのです。これをひとーつ、ふたーつ、みっつ、よっつ、いつつ、むっつ、ななつ、やっつ、ここのつ、とー、と続けます。もし、10までいったら、また一つに戻るのです。

　では、この本をお読みのあなた、一度やってみていただけませんか。まず目を開いて前を見ながら、息をゆっくり吐きます。この時に吐きながら「ひとーーーー」とできるだけ長く続けます。吐き切ったら、今度は吸う番です。「つーーーー」と心で唱えながら、息を吸っていきます。これができたら、二つに入ります。ゆっくり息を吐きながら、「ふたーーーーーー」とやり、吐き切ったところで、「つーーーーー」と言いながら息を吸います。

　ではやってみてください。どうですか。全部何も考えずに息を数えて1から10までいきましたか。おそらく3か4で雑念が入ったのではないでしょうか。

「こんなことは簡単だ」とか「こんなことをして何になる」、あるいは「さっきの手紙のことだけど」などという思いが浮かんだのではないですか。

　もし、あなたが1から10まで数を数えること以外に何も考えずに呼吸を続けられるなら、あなたはこの後この本を読む必要はありません。その気持ちで毎日を送るなら、あなたは悩みなどないはずです。

ところがほとんどすべての人にはこれができません。この数息観は長年坐禅をしてきた禅僧でも続けることが困難といわれるくらい難しいのです。

もし7つくらいまでいくと、「あれ、できるのではないかな」などという思いが出てしまいます。9などまでくると「もう少しだ」という気持ちが浮かんでしまいます。そこで、もう一度1から10まで息を数え直します。すると5くらいの時に「この前はうまくいかなかったけど、今度はうまくやってやるぞ」などという思いが浮かんでしまうのです。

これは無言の行の話に似ています。3人の男が無言の行をしようと約束します。かなり経ってから、一人が「もうやめた」と言います。すると「お前しゃべったじゃないか」と第2の男が言います。すると最後の一人が「おれはしゃべらないぞ」などと言ってしまうという逸話です。

禅は無念無想を狙うのではなく、なるべく考えないように、坐ることに専念するか、公案に打ち込むかするのですが、妄想とか雑念はないほうがよいに決まっています。只管打坐《しかんたざ》を試みる人は、「ただ坐る」を目指します。しかし、「自分はいま無念無想になったぞ」とか「ただ坐っているぞ」などという只管打坐はないのです。「おれはしゃべらないぞ」と言った男と同じ心境です。

●我々は常に何かを考えている

私たちは何をしている時も何かを考えています。朝、顔を洗いながら、食事をしながら、いやテレビを見ながらでも別のことを思い出し、考えています。ですから、テレビを見ながら、妻などに「この間の台所の修繕のことだけど」などと話しかけます。それでも、テレビのことに意識が向かっていないというわけでもなく、修繕をどうするかという話をしながらテレビを見ていて、「小沢さんはどうなるのかな」などと今度はテレビの内容について話したりします。つまり二つのことを同時にやっているのです。

じつは私たちが何かしている時には必要なことを思い出しながらやっています。話す、あるいは書くという場合には単語を思い出して話したり、書いたりしています。この時に一時的に思い出し、次の文章にいく時には次の言葉を思い出すという作業をしているわけですが、それを作業記憶による作業といいます。

　昔は短期記憶と呼ばれていた記憶をいまは作業記憶と呼ぶ人が多いようです。専門家によると作業記憶が拡大したことが人間を動物、とくにチンパンジーなどから区別しているものだといいます。

　作業記憶の例としてよく使われるのがピアノの演奏です。ピアニストは楽譜の一部を思い出してキーを押し、それをすぐに忘れて、次の楽譜を思い出してキーを押すということをやっているのです。

　このように次々と思い出しては忘れてゆく記憶を作業記憶といいます。まるで黒板に記憶しているものを思い出して書いては消していく作業に似ています。

　ピアノのうまい人の場合にはメロディーが常に浮かんでくるので、それに合わせて楽譜も自動的に浮かんできます。すると、別のことを考えてもピアノが弾けるのです。これはピアノの達人だけでなく、多くの人がある程度はやっていることで、ピアノ、タイプ、掃除などをしながら考えることができます。

●短期記憶の量とは?

では短期記憶の容量、つまり一度に引き出せる記憶の量はどのくらいでしょうか。これは一度に覚えられる記憶の量と同じです。いろいろな桁数の数を見せて、しばらくしてからこれを思い出させ書かせると大体平均で7桁だとされます。文字、つまり「あ、い、う」とか「A、B、C」という文字になると六つ、本、山、川など、book, mountain, riverなどという単語になると五つだとされます。するとタイプを打っている時に5字くらい先は考えずに打てるので、その間に何かを考えていられるのです。しかし、次のタイプを打たなくてはならないので、続けて考えることはできません。どうしても続けて考えるような重要なことの場合にはタイプを止めて、考えにふけるということになるのです。

ですから、実際には何かをやりながら考える時は途切れ途切れに考えているのですが、それをまとめて考えているように思えるのです。もし、タイプが難しいと考えてはいられません。あるいはやっていることが非常に面白いことだと、考えていられないのです。日常的なこと、習慣でやるようなことは考えることと同時にできます。

このような脳の仕組みから、私たちはいつでも考えている、何かを思い出している、といっても過言ではないのです。その考えていることが感情を刺激する、怒り、憎しみ、恨みなどを引き起こすようになると、仕事を続けたり、精神を集中できなくなり、仕事の効率が下がることになります。同時に気分も悪くなり、やる気がなくなったり、疲れたりするのです。

ですから、息を数えるなどという単純なことは、考えながらできてしまうのです。実際、坐禅で数息観をやると、途中で何かを思い出します。息を数えながら考えてしまい、気がつくと「にじゅうーいち（21）」、「にじゅーに（22）」などとやっていて驚くことがあります。

2 「無知」で考えるから「苦しみ」が生まれる

●人は無知によって苦しむ

さて盤珪禅師が、私たちは皆不生の仏心、霊明な心をもっているのに、余計なことを覚え、考えるから苦しむのだと言っている話はすでにしました。じつはこれが釈尊の悟りなのです。私たちは無明（無知）によって苦しむ、この無知をなくすことが悟りだと言っておられます。無知というのは考えることだというのです。

何も考えないことが悟りだとか、考えなければよいのだという意見は釈尊が修行の始めに教わったことでした。しかし、考えないというのは、石になれということで、私たちが正しい見方をするということとは関係ありません。ですから釈尊はただ考えないというだけでなく、宇宙の成り立ちを真剣に考えたのです。その結果、私たちが普通に「考えて」いることとは、じつは妄想、間違いであって、この考えがなくなったところに本当の心があると悟られたのです。この心が、痛い思いをした時に、「痛い」と言わせ、痛みを経験させる心なのです。

つまり、私たちは考えないでいることで、本当に清らかな心が耀きだしてきて、その心を使うことができるというのが釈尊のお悟りです。これが「考えない」という生き方が正しいということを保証してくれるのです。ただ考えないでいるのがよいというのではないのです。

●考えない時間を増やす

しかし、息を数えることで経験されたと思いますが、考えないということは並大抵でできることではないのです。そのくらい、私たちは間違った「考え」に汚されているのです。

「考えない工夫」には坐禅がどうしても必要ですが、坐禅だけではだめです。日常生活の中で工夫する必要があるのです。それには、時間があれば自分の息を数えるのがよいと思いますが、これは坐禅のところで示します。

最もよい工夫は考えない時間を延ばすということです。道を渡る時の10歩を考えずに歩くという工夫をしてみましょう。あるいは電車に乗っている時の一駅を考えないで過ごす工夫をしてみましょう。

最初は一駅などはなかなか無理です。これは数息観で10数えることができないという経験からご理解いただけるでしょう。そこで短い時間を要すること、たとえばエスカレーターに乗っている時間だけでも考えないようにしようとしてみるのです。

大事なことは、いつも考えているのはあなただけではなく、人は皆そうだということです。私は坐禅の話をしたり、指導したことがありますが、数息観をやらせて、10まで何も考えずに続けられたという人に会ったことがありません。このことは、電車であなたの前に座っている人、あるいは、タクシーを待っている人、買い物をしている人、一見無念無想あるいは何も考えないように見えて、あなたと同じように考え、時に感情的になって苦しむこともある人たちだということがよく分かると思います。またそれを思って安心もされるでしょう。

人はどんな人でもいつも何かを考え、時に苦しみ、時に心配をしているのです。本人が否定しても、そうなのです。自分だけだと思ってはいけません。人間というのはそういう生き物なのです。釈尊はそれを見抜いたのです。

●脳トレより筋トレといわれる理由

余談ですが、ノーベル賞をもらったような物理学者、あるいは優秀な脳科学者の多くはスポーツマンです。量子力学の創始者のニールス・ボーアはスキーの大家で、その弟子のハイゼンベルクという人は山登りが得意でした。彼らは、本ばかり読んでいたり、考えてばかりいるような人ではないのです。なぜこのようにスポーツをする人が思考でも偉大なのでしょうか。私は余計なことを考えない、余計なことを考えて苦しまないという点にこの問題の解答があると思っています。

山登りなど、苦しいスポーツをする時には、苦しいという思い、ちょっと間違うと転落するという気持ちから、目の前のことに精神を集中せざるをえません。作業記憶がいまやっていることだけに使われ、その間に余計なことが入ってくる余地がないのです。考えながらはできないのです。この精神の統一が、今度は思考の場合に、邪念に邪魔されないで、問題の解決に集中できる精神を養ったのだと思います。

前に脳トレは意味がないということを述べました。脳トレよりも筋トレと言った人もいます。本当だと思います。私たちは体を動かすこと、難しい運動をすることで、一つには苦しくて余計なことを考える暇がなくなること、もう一つは作業記憶に精神を集中せねばならず、そこに邪念が割り込む余地がなくなるということで、脳がその機能を最大限に発揮できるから脳の機能が高まり、衰退を防ぐことができるのだと思うのです。

また悩むことで副腎皮質から出されるコルチゾルが脳細胞の機能を抑えたり、脳細胞を死滅させたりします。運動はこれを防ぐことができるのです。ですから、「考えない」方法としてスポーツ、運動をすることをお勧めします。

●心を元気づける「笑い」と「言葉」

考えない工夫の次は笑いです。アメリカの『サタデー・レビュー』の編集長であったノーマン・カズンズは不治の病とされた強直性脊椎炎を笑いとビタミンCの服用で治したと報告して衝撃を与えました。彼はできるだけ面白い漫画やビデオを見て、心から笑ったということで、病気を治したというのです。

江戸時代の中期に黒住教という神道の一派を開いた黒住宗忠は両親を1週間の内に

立て続けに亡くし、悲嘆にくれたのみでなく、本人は結核で余命いくばくもないということになりました。

彼はいよいよこれで最後かというところまで来たある日、いままでずっと信仰してきたお天道さまを拝みたいから縁側に出してくれと家人に頼んだのです。すると非常にゆったりした気持ちになり、太陽の光がつくづく温かく思われたのです。そして心の底から「ありがたい」という気持ちが起きてきました。

その時に口をついて出て来た歌が、

有り難きことのみ思え
人はただ今日の尊き今の心の

です。

するとこの時を契機にして次第に体調がよくなってきたのです。彼はその後も太陽を拝み、「お日様の光には善人、悪人の区別もえこひいきもない。天地はただ人間を生かしたいばかり、助けたいばかりだ。これからは生きる修行をするのだ」と思ったのです。

彼は後年、修行者への手紙で「道は〝満ちる〟なり。天照大神のご分身の満ちて欠けぬように遊ばさるべく候。人は陽気ゆるむと陰気つよるなり。陰気勝つ時は穢れなり。けがれは気枯れにて太陽の気を枯らすなり。其所から種々いろいろのこと出来《しゅつらい》するなり」と書いています。

また彼は「笑え、笑え。心から笑え」と笑うことを勧めました。実際に彼が病気から治りつつあった時には、笑いに笑ったので、周囲の人は気がおかしくなったのではないかと思ったということです。

私たちは笑いながら何かを考えるということはできません。笑いは考えないことの特効薬だといっても過言ではないと思います。

次は言葉です。これは言霊として最後の章で述べたいと思いますが、私たちは自分にとって気分がよい、元気が出るような言葉を自分に言い聞かせる時には、考えてはいません。何か考えそうになった時に間髪を入れずに、言葉を発するのです。私は常に「困ったことは起こらない」という言葉を自分に言い聞かせることを習慣にしています。言葉を使いましょう。考えが浮かんだ瞬間に自分を元気にする、言霊《ことだま》力のある言葉を使いましょう。

6章　過去は思い出すな、忘れよ

1　明日にどうしても必要なもの以外は捨てよ

●思い出すことは辛いことが多い

私たちは絶え間なく何かを考えていると申しました。その大部分は何かを思い出しているのです。

懐かしい子どもの時代を思い出すと楽しいなどといいます。しかし、最近の研究では私たちの思い出すことの8割は嫌なことに関してだということが知られています。さらに年をとるとこの比率がどんどん増して、思い出すことはいつも嫌な気持ちを残すなどと言う人が多くなっています。

実際、子どもの頃や、学生時代の楽しい思い出を思い出すような時に、かならずその集団に嫌な人、仲が悪かった人がいます。すると、彼、あるいは彼女が言った嫌な言葉、不愉快な態度などが思い出されます。すると、「あいつは一体どうなったのだろうか。あんな奴が成功するなんて許せない」などと思いはこの嫌な人物のことに向かいます。さらに、その人に関連する人物、事件も思い出します。あの人の親は皮肉を込めて、「あなたなどはあまりよい大学に行けないのではないの」などと言っていた。いまの自分を見せてやりたいなどと嫌な相手以外の人にも怒りや憎しみが向かってしまうのです。

山田無文老師は「記憶こそ苦のもとであり、忘却こそ救いだ」とくり返し述べています。また盤珪禅師の次のような言葉を無文老師の語り口で述べています。

「嫁が憎いの姑が憎いのとよく言わっしゃるが、嫁は憎いものでもないぞ、姑も憎いものではないぞ。嫁があの時あんなことを言いよった、この時こんなことしよったという記憶が憎いんじゃろう。姑さんがあの時あんな嫌なことを仰言った、この時こんな冷たい仕打ちをなさったという記憶が憎いんじゃろう。みんな忘れてしまいさえすりゃ、嫁は憎いものではないぞ、姑も憎いもんじゃないぞ」

また、白隠《はくいん》禅師の法の上の祖父にあたる至道無難禅師の「もの思わざるは仏の稽古なり」という言葉を引用して、「よいことも、悪いこともすべて思い出さないようにしましょう」と言っています。

●過去を忘れよ

オックスフォード大学の内科の教授で、医の倫理に関して多くの著書も残しているウイリアム・オスラーは生き方に関する格言も残しています。この言葉はデール・カーネギーの『道は開ける』にも引用されている有名なものです。そこにもくり返し、過去は忘れよという言葉が出てきます。

過去と縁を切ることです。息絶えた過去など死者の手にゆだねましょう。愚か者たちを不名誉な死へ導いた昨日など締め出すべきです。昨日の重荷に加えて、明日の重荷まで今日のうちに背負うとしたら、どんな強い人でもつまずいてしまうでしょう。「今日一日の枠のなかで生きる」習慣を身につけるように心がけるべきでしょう。

また「明日を耐え抜くために必要なものだけ残して、あらゆる過去を締め出せ」という言葉も残しています。これをオスラーの人生と重ね合わせると興味深いことが分かります。オスラーは名医の代表のような人でした。弟子が書いたものによると、オスラーが病室に入って来ると、患者は皆病気が治ったような気がしたと述べています。

このような名医もおそらく失敗したと思うこと、あのようなことをしなければよかったと思うことがあったのでしょう。それだからこそ、過去は忘れよという言葉を残しているのだと思います。この言葉は自分に向けた言葉なのです。

●過去に遡れない

私たちのすべては過去を悔いて、過去を変えることができたらと思っています。カーネギーは次のように書いています。自分の庭にエール大学の博物館から買った1億8千年前の恐竜の足跡の化石がありました。

彼は「誰もこの恐竜の足跡を変形しようと夢見たりはしないだろう。ところが、そんなことを夢見ることでも思い悩むことにくらべたらまだましだ。私たちは180秒前の出来事にさかのぼることも、それに変更を加えることもできないくせに、多くの人はそういう愚かなことをしているのである」と書いています。つまり過去はどんなに嘆いても悲しんでも変えられないのです。それでも「なぜあんなことをしてしまったのだろう」、「あんなことをしなければよかった」と悩むのにはもう一つ理由があるのです。

それは、「あんなことをしてしまった自分はだめな人間かもしれない。世の中の多くの人はあんな馬鹿なことをしないはずだ。自分は他人より劣った人間かもしれない」という恐れがあるので、つい思い出し、自分を非難してしまうのです。

変えられない過去のことで自分を責めるなどというまことに意味のないことをしてしまうのが私たちです。つまり過去の嫌な出来事と自責の念がつながっていることが問題なのです。

●こぼれたミルクのことを思いわずらうな

でも、自分を責めれば非常に苦しい思いをするし、その結果自信も失うのになぜ過去を思い出して自分を責めるのでしょうか。変えられない過去を思い出すことは、結果としてそのようなことをしてしまった後悔、自責を生むだけなのに。

私は映画を見ていて面白い場面に出合うと笑います。また怖ろしい場面を見ると恐怖感を感じます。このようにある場面、ある状況と感情はつながっていることが多いのです。過去のある出来事を思い出すと、同時に「恥ずかしい」、「自分はだめだ」、「他人は自分を軽蔑している」などという思いが浮かんでしまうのです。

それなら決して変えられない過去を思い出さなければよいのではないでしょうか。しかし、過去の失敗とか、過去の恥という記憶は放っておいても時々思い出してしまうのです。

よく覆水盆に返らずといわれます。こぼした水はもとのお盆の上に戻らないという格言です。ですから悔いても仕方がないという意味も含んでいます。こんな簡単な格言に示されていることも実行できないのが私たちです。

カーネギーは友人の高校時代の思い出を書いています。彼が高校時代に衛生学の先生がいました。ある日この先生は生徒を流しの傍に集めました。その手にはミルク瓶を持っていました。先生はいきなり瓶を流しに投げつけました。瓶は割れ、ミルクは流れたのです。彼は学生に瓶の破片を見せました。

「いいかね、よく見ておくのだよ。君たちにこの教訓を一生のあいだ覚えていてほしいのだ。あのミルクは配水管の中へ流れてしまった。君たちがいくら騒ごうと悔やもうと、一滴も取り戻すことはできない。もう少し慎重な配慮をすれば、あのミルクをこぼさずにすんだかもしれない。けれども、もう手遅れなのだ。私たちにできるのは、あのミルクを帳消しにしてしまって忘れること、そして、次の問題に取りかかることだ」と言ったのです。

友人は「4年間の学生生活で学んだもののうちでこれほど実生活で役立つものはなかった」と言い、「その教訓によって、まずミルクをこぼさないように気をつけること、もしこぼれて配水管に流れてしまったら、完全に忘れることを学んだのだ」と述べたというのです。

2　「思い出さない」ためには「念」を継がないこと

●忘却は妙薬なり

思わない、思い出さないということが心の平静をもたらし、幸福を得るためにどんなに大事かということは、仏教のあらゆる教えに述べられています。

釈尊の言葉をお経のようにした『法句経』には、

思ってはならない
思いは自己を不利にし
幸運を遠ざけ
自己の心を打ち砕くからである

と述べられています。

生長の家を始められた谷口雅春氏は私に影響を与えた人の一人です。彼の言葉で最も私の心を打ったのは「巧みな忘却は人生を洗う石鹸なり」です。彼はこれについて「過去の事を思い煩うな。未来のことを心配するな。思いと煩いと心配はあなたの神経を病的に刺激して、病気に至らしめるのである。過去は過ぎ去ったのである。思い煩うのは愚かなことである。未来はまだ来《きた》らないのである。心配するのは愚かなことである。結局悩むものは、過去を今に持ち来し、未来を今に持ち来し、今の幸福を想像の中で汚してしまうのであるから、そんな愚かな事をしないが好い。『今』を喜べ。過去を忘れよ。未来を忘れよ。この忘却はあなたの人生を清める石鹸の働きをするのである」と書いています。

漱石の禅の師であった釈宗演禅師の座右銘の一つが「みだりに過去を思うなかれ」です。過去を思うことは悟りを得た老師にとっても心を乱すことになると思っておられたことでしょう。これは剣の達人、宮本武蔵が『五輪の書』に「我事において後悔せず」という言葉を残したのと同じです。私は武蔵のような人でも過去のことを後悔し、それが心によい影響を与えるものではないと知り、これを座右の銘にしたのだと思います。

●念を継がない工夫

では、どのようにしたら思い出さないことができるのでしょうか。これには二つあると思います。一つは「念を継がない」とか「流す」ということです。

禅では大切な心構えとして、「念を継がない」ということを教えます。もともとは「念起こる、是病なり。継がざる、是薬なり」という言葉によります。何かをふっと思ってしまうのは、よくない。これは心の病といってもよい。しかし、この念を継がないようにすれば、心の病は癒されるのだという意味です。

もう一つのやり方は思い出さないように努力する、つまり思い出さないということにいつも努めていて、思い出すのを防ぐということです。

どちらがよいかというものでもありません。おそらくその人の性格にもよります。三河の武士に鈴木正三という人がいました。この人は家康の家来で、関ヶ原、大阪夏の陣、冬の陣にも出征しています。その後臨済宗の僧となり、多くの人に影響を与えました。その講話を弟子は「驢鞍橋《ろあんきょう》」として残しています。

正三は仁王禅を主張します。仁王のような機がなければ煩悩に負けてしまう、自分は仁王のような気持ちで修行し、悪業煩悩を滅しようとして来たと述べ、へなへなした禅では何の意味もないと教えています。「自ら拳を握り、歯ぎしりをして努力する」のが仁王禅だというのです。実際にはこんな激しい努力はできないでしょうが、思い出すのを抑えようと努力する方法につながります。

本来禅ではとらわれないということを主眼としていますから、その境地を尊び、それを目指すように指導します。しかし、そこに向かう途中で、とらわれない努力をする、とらわれないように心がけることが大事だと思います。

●事にとらわれない

『菜根譚』という書物には禅の境涯を詠ったような詩が多く掲げられています。少し紹介しましょう。

風疎竹に来たる　風過ぎて竹に声を留めず　雁寒潭を渡る　雁去って潭に影を留めず

これは分かりやすい詩ですが、何かことがある時には心を働かせるが、それが終わればすべてを忘れ、それへのとらわれとか、後悔、反省などは一切しないという心構えを詠ったものです。

また、

竹影階を掃らうて塵動ぜず
月輪沼を穿ちて水に跡なし

これは何か外界で事件が起きても、それにより本心は微動もせず、平然としているということを述べた詩です。

このように何か事が起こる、あるいは思い出しても、それにとらわれない、放っておく、そうすると記憶は自然と消えて、後に何も残らないというのが禅の生き方です。

●先へ先へと思いをつなげない

そこで何かを思い出す、ある人物のことを思い出す時に、それをさらに発展させないようにするのが、「念を継がない」ということです。上司のAさんのことがふっと思い出されたという場合に、「この間、あの上司は私の提案を受け入れなかったけど、私が嫌いなのではないだろうか」、「そうだ、この前の飲み会の時に私に話しかけてくれなかった」、「同僚のBはあの上司にとりいっているらしい」などと、どんどん発展させてしまいます。すると心配でたまらなくなり、不安になるのです。ですからふっと思い出した時に、それ以上発展させないのが念を継がないコツです。

　過去の自分の失敗のこと、あるいは失敗したのではないかということを思い出した時には、非常に嫌な気持ちになり、自信を失いそうになります。このような時にも、その物語を発展させないのです。たとえば、ミルク瓶を落としたとします。ミルクがこぼれた、瓶も割れた、あの時に皆が自分の失敗を笑っていたのではないか、その後自分の評価は下がったのではないか、自分はあんな失敗をしてだめだなあ、などと発展させないのです。

　ミルクの瓶を落とした、ミルクをこぼしたということは事実ですから、それを思い出してしまうのは仕方がないのかもしれません。しかし、それを他人の評価、自分の評価などのほうに話を進めないのです。

●放っておくと嫌な思いは消えていく

　しかし、念は続きやすいのです。その理由は、嫌なこと心配なことが思い出される時には、不愉快、不安、心配などの暗い気分がいっしょになっています。するとどうしても、暗い気分をそのままにしておけないので、もっとこの思い出のことを考えてみようという気になるのです。考えてもどうにもならないのですが、考えないで放っておくのも不安です。

そのためにこの思い出に関係するさまざまなことを思い出してしまうのです。その結果、不愉快な気持ち、不安な気持ちが募るのですが、考え続け、結局疲れて止めるというようなことになります。過去は変わらないのですから、何度やってもこのようになるのですが、何度も同じことを思い出し、同じ嫌なことを思い出すということを続けるのです。これが脳や心によいはずはありません。

そこで、何かを思い出す、その時の不愉快な気持ちも浮かんでくるという状態になった時に、そこで止めるのです。それでも不愉快、不安な気持ちが続くように思えるのですが、放っておくと自然にこの気分が消えるのです。事実、いまあなたがこの本を読んでいる時に、その前に念を続けた嫌な思いがあったとしても、それを忘れているのではないですか。つまり、思わないようにしていると思い出も気分も消えるのです。これが大事なのです。不愉快、不安、心配、自責などの嫌な気持ちを放っておく訓練ができていないから念を続けるのです。

●思い出さなければ記憶はない

何度もいいますが、あなたはいままで何度も過去を思い出し、念を続け、嫌な思いをしたはずです。なぜ続けるかというと、不安な気持ちを考えることで解消したい、放っておいてこの気持ちが続くのが嫌だという本能的な考えからです。しかし、いまはどうですか。過去に何度も思い出したことを覚えていますか。すべて頭に浮かんでいないし、その時の気分でもないはずです。もちろん忘れているわけではありません。いま、思い出そうとすれば思い出せるのです。しかし、思い出していないし、その時の気分でもありません。つまり、思い出は思い出さなければ存在しないということです。思い出す時のみ存在し、嫌な気分も存在し、それが自分をだめにするのです。

龍沢寺の中川宋淵老師は「記憶は思い出さなければ存在しないのだ」と常に言っておられました。また、念を継がない方法として、「記憶というのはいろいろな事件、人物を書いた巻物がベルトコンベアーに載って動いてくるようなものだ。『山田一郎』、

『同窓会』、『法事』などと書いた巻物が流れて来る。この名前、出来事に気づくことが『念が起こる』なのだ。その巻物を拡げて読むことが『念を継ぐ』ということだ。だから巻物が流れるに任せ、それを拡げないようにすることが大事だ」と言ってくださいました。

もっと学問的にいえば、記憶は脳細胞の活動に過ぎません。過去は事実として存在しないのです。記憶として存在するだけです。細胞が活動しなければ、記憶はないのです。私たちが思い出していない時には、脳細胞は活動していないわけですから、まさに「記憶は思い出さなければない」ということを証明しているようなものです。

●精神を集中して忘れる

次は思い出さないようにするという方法です。これは難しいようですが、そうでもありません。まず、「記憶を思い出さないぞ」という決意をもちます。そして、思い出しそうになった時に「思い出さないぞ」と肚《はら》に力を入れるようにして、がんばるのです。

最初は念を継がない、流すというような方法でもある程度思い出さないことはできます。しかし、人によってはトラウマのように嫌なことを思い出してしまい、苦しむという場合もあります。子どもの時のいじめ、両親の不和、離婚、自分の入試の失敗、就職の困難などさまざまなことがあります。これらは思い出すのもつらいというような記憶です。

ＰＴＳＤ（心的外傷後ストレス障害）という病気がありますが、最も強烈で嫌な記憶は戦場で殺されるか殺すかという場面に見られるでしょう。ベトナム戦争、イラク戦争に出征した兵士の中には戦場の記憶から逃れられず、帰国してもその記憶で苦しみ、日常生活を送れないくらいの人が多くいます。そもそもイラク戦争の従軍者の約20％が何らかの形のＰＴＳＤに苦しんでいるという報告もあります。

朝、家族で食事をしている時に外を自動車が排気音を出して走る音を聞くと、「敵だ」と大声を出して、テーブルの下に入り込む元兵士の姿も放映されたことがあります。

これほどでなくても、過去の虐待の記憶から男性を見ると過去を思い出してしまうという女性や、映画などを見ていても、自分が体験したような場面を見ると、過去が思い出され、映画どころではなくなるという男性、自分の過去の失敗に似たような話をされると、「この人は自分の過去の失敗のことを知っているのではないか」といつも過去を思い出してしまう人などさまざまです。

このようなトラウマでなくても、人によっては何かにつけて嫌なことを思い出してしまうという人が多くいます。このような嫌な記憶をよみがえらせないためには、「思い出さない」というかなりの決意が必要です。それを可能にするのは坐禅などで精神を集中することができるようになるのが一番なので、後に坐禅の項目で再度詳しく述べましょう。

7章　先をわずらうことに何の意味もない

1 「取り越し苦労をしない」工夫

●今日一日の区切りで生きる

私たちは将来のことで悩むのが普通です。実際いまのように不安定な社会になると一体将来はどうなるのだという不安につきまとわれます。また独立した子どもは自分たちのところにいつも来てくれるだろうか、自分はボケたりしないだろうか、仕事はいつまでもあるだろうかなど問題は山積です。

そこで再度、ウイリアム・オスラーの話をしましょう。彼はカナダで生まれ、カナダで最も有名なマッギル大学の教授になりました。その後米国のペンシルバニア大学、ジョンス・ホプキンス大学の内科の教授になり、エール大学でも教えました。最後に英国のオックスフォード大学に招かれ、内科の教授になったのです。

彼はエール大学の学生に次のように講義をしました。

「四つの大学で教授を歴任し、著書も好評を博した私のような人間は特別な頭脳の持ち主だと思われるかもしれません。しかし、それは間違いなのです。親しい友人に言わせれば、私の頭脳などは極めて平凡なものなのです」

彼はその講義の数カ月前に豪華客船で大西洋を渡ったのです。その時の経験が彼の講演に大きな影響を与えました。彼が船上にいる時に船長がブリッジに立って「急転」と叫んでボタンを押しました。すると機械ががらがらと音を立てたのですが、これは船が各区画ごとに閉ざされ、万一の場合に水が入らないようにするためでした。

オスラーは「君たち一人ひとりは、この豪華船よりもはるかにすばらしい有機体であり、ずっと長い航海をするはずです。考えていただきたいのは、この航海を安全確実なものとするために、一日の区切りで生きることを学べということです。ブリッジに立ってボタンを押してみてください。そうすれば、諸君の生活のあらゆる部分で鉄の扉が過去を締め出していく音が聞こえるでしょう。またもう一つのボタンを押し鉄のカーテンを動かし、未来を締め出すのです」と述べ、「過去と同様、未来もきっぱりと締め出してしまうのです。未来とは今日のことです。明日など存在しないのです」と言い、「今日一日の区切りで生きる」習慣を身につけるように勧めたのです。

キリストも「それゆえ、明日のことを考えるな。明日のことは明日自身が考えるだろう。一日の苦労はその一日で十分だ」という有名な言葉を残しています。

精神科医で作家の加賀乙彦さんは、過去の苦しい時に、この苦しみはかならず終わりがくると思うことで我慢できたと述懐しています。蒸気機関車を作ったスティーブンソンは「自分の荷物がどんなに重くても、日暮れまでなら、だれでも運ぶことができる。自分の仕事がどんなにつらくても、一日なら、だれでもできる。太陽が没するまでなら、だれでも快活に、辛抱強く、親切に貞淑に生きられる。そして、これこそが人生の秘訣そのものだ」と書いています。

山岡鉄舟は晩年に胃がんになったのですが、『大蔵経』という大部のお経の写経をしようと祈願しました。兄の小野古風が、鉄舟の毎夜の精進を見舞うつもりで、

「大蔵経の写経とは大変なことですな」と言うと、

「なあに、ただ1枚書くだけと思ってやっていますから、なんの造作もありません」

と答えて、書き続けたということです。明日書かねばとか昨日も書いたという気持ちがあると続かないということを言いたかったのだと思います。

●将来を心配してはいけない

いまの苦しみを明日に持ち越すだけでなく、今日、明日の苦しみを予測し、考えるのですから、私たちは気力を奪われ、明るさを失い、希望もなくなるのは当然だといえます。

「生長の家」の創始者谷口雅春さんは「仕事は何人も殺さないが、取り越し苦労は多勢を殺す殺人魔である。取り越し苦労は実際に仕事をすれば一回でよいところの精神的労働を、仕事が来るまで十回も二十回も繰り返すのである。しかも不吉なことを予想しての精神的労働であるから、生命力の消耗することは普通の労働の比ではないのである」と書いています。

米国の格言に「橋が来る前に橋を渡るな」というものがあります。つまり、橋が来たらその橋を渡ればよいのに、橋が来る前に橋のことを考え、渡っている自分を考えてはいけないという意味です。

ジョセフ・マーフィー牧師は潜在力の重要性を訴え、その本はいまでもベストセラーになっているのですが、「潜在力は思っていることをすべて実現してしまう。将来に夢をもてば、それを実現するし、将来悪いことが起こると恐れれば、それを実現させてしまう。だから将来を心配してはいけない。思ったことが起こってしまうのだ」とくり返し述べています。

●心が最大限の力を発揮する方法

釈尊は、私たちは無限の能力をもつ心をもっているが、この力を使うことができないのは、妄想、執着の雲がこの心を取り囲んでいるからだ。妄想、執着が減れば、心の光が耀き、その力を発揮できるのだとしています。

心を大切にすれば、心はその力を最大限に発揮してくれます。私はそれを神の力とも仏の力とも呼んでいます。イエスも「神は汝の心にあり」と言っておられます。つまり、私たちの心が神であり、仏なのです。

人々はこの心の力を守護神とか、祖先の霊の力と呼んだりしています。自分の守護神は自分の心の力なのです。この心には神通力があるのです。仏教でも神通力を教えています。

神通力には五つあり、第1は天眼通《てんげんつう》で、どんな遠いところでも、壁の向こうのことでも見通すことができる力です。第2は天耳通《てんじつう》で、どんな遠い音、小さな音でも聞き分けることができる力です。第3は飛行自在通で、空中でも水の上でも自由に歩けるという力です。第4は他心通《たしんつう》で、他人が何を考えているか、腹の中まで分かるという力です。第5が宿命通《しゅくみょうつう》で、自分の過去世も他人の過去世もすべてわかるという力です。

この五つを五神通といい、悟りを開いた羅漢にはみな備わっているとされます。仏にはさらに漏尽通《ろじんつう》という、さらに優れた神通力があるとされます。

2　釈尊の力は「自分を信じる人」に向けられる

●潜在意識への働きかけ

しかし、心を傷つけるなら、心は苦しみ、このような力を発揮してくれません。せっかくの心の力を持ち腐れにしてしまうのが、悩みなのです。もし、心を傷つけないようにし、楽にするなら、心は自分の思いを叶えてくれるのです。

よい言葉を思い、慈悲に満ちた言葉を思い、それを使うことで運が拓けるのです。この点をはっきりさせ、多くの人に影響を与えた哲人がジョセフ・マーフィー牧師であり、ナポレオン・ヒルでしょう。

前に述べたようにマーフィーの言葉はじつに多くの人に影響を与え、いまも与え続けています。

彼の思想の中心は「あなたの人生はあなたの心に思い描いた通りになる」という信念です。彼によれば私たちの意識には潜在意識と顕在意識があり、それがいっしょになって私たちの考え、行動に影響を与えている。それだけでなく、潜在意識をうまく使えば、私たちの望むことのほとんどを実現させてくれるというのです。

彼は潜在意識は常に、昼も夜も働いている。しかし、私たちが使うことができる意識は顕在意識です。そこで、顕在意識でいつも願いをもち続ければ、潜在意識がそれを実現させてくれるとするのです。そのために

1）自分の望むことをうまく想像すること
2）そのことを考え続けること
3）実現を信じること
4）行動すること

を勧めています。彼は「人生はよくも悪くもその人の思い通りになる」としています。もともと私たちの身体は、それ自身いかなる知性も意志も持ち合わせていないが、人間の精神（心）により初めて意志をもつようになるとするのです。

●失敗も成功も心の所産

私たちの成功も失敗も私たちの心の所産です。マーフィーは「あなたが精神の目を開いて、自分の中にある無限の宝庫を見れば、自分の周りには無限の富があることが分かります。あなたの内部には金鉱脈があって、必要なものは何でも引き出し、人生をすばらしく、楽しく、豊かに暮らすことが出来るのです」と言います。

これらはいずれも心のなす業です。もし、心を傷つけず、苦しめず、楽にするなら、心は思いを実現し、困ったことを起こらせないようにしてくれるのです。

私は自分の言霊として「困ったことは起こらない」という言葉を非常に大切にし、人にも勧めてきました。しかし、もし、心を苦しめないなら、心は私たちを苦しめるようなことを実現させません。ですから、心を傷つけなければ、困ったことは起こらないのです。

このように考えると、楽しい心は未来を保証し、心配したことを引き起こさない、現実化させないということが分かるのです。取り越し苦労しないためには、心を傷つけなければよいのです。そうすれば、心は私たちに幸せを与えてくれるのです。

エマーソンは「私たちの考えがいまの私たちをつくるのだ。私たちの心構えこそ、私たちの運命を決定する第一の要素だといえる」と述べています。ローマ時代のマルクス・アウレリウスは「われわれの人生は、我々の思考がつくり上げるものに他ならない」と言っています。つまり、私たちが「うまくゆく」、「困ったことは起こらない」と思うことが未来を決めるといってもよいのです。

人口に膾炙しているシビル・パートリッジの「今日だけは」という文章はこの真実を示しています。

今日だけは幸福でいよう。リンカーンは「たいていの人々は、自分で決心した程度だけ幸福になれる」と言ったが、まったく至言である。幸福は内部から生じる。外部のことがらではない。

●考えないことで取り越し苦労を忘れる

これを将来のことに言い換えると、人は将来うまくいくと思える程度だけ将来がうまくいくのだ。将来は心が決めることができる、ということになるのです。

取り越し苦労をしないためには、将来を含めて考えない時間を増やす、その時間を延ばすこと、同時に仏心、仏性を信じ、未来は「考えないこと」でうまくいくと信ずること、そして、その考えを持ち続けられるような言葉をいつも自分に言い聞かせることだと思っています。私は自分でもそれを実行しているのです。

前にも述べましたが、うつ病の治療法として注目されている認知療法は、とにかく、自分が楽になるように考えよう、そうすれば不安もなくなり、うつ病も治り、心配性もなくなるとしているのです。そして、楽になるなら、どんな考えでもよい、どんな考え方でもよいとして、自分で自分を苦しめる考え方をひっくり返しなさいといっているのです。

つまり、どんな考えでも自分を苦しめる考えは間違いであるし、それを排除する考えは正しいとするのです。これは恐ろしいほどの真実を示していると思いませんか。

このことを考えるとあらゆる宗教は心を楽にする教えだということが分かるのです。

一神教は危険だという人がいますが、心を楽にしてくれる教えは、その人にはすべて正しいのです。もし、心を苦しめるなら、うつ病にも何にもなり、決して幸せにはならないからです。

取り越し苦労をし、未来を心配するのは、幸せになりたい、不幸になりたくないからです。幸せになるためには心を楽にし、苦しめないことです。ということになると取り越し苦労をしない最も有効な方法は心を苦しめない生き方をすることです。それには、と釈尊は言うのです。それには、考えないようにしなさい、思い出さないようにしなさい、それ以外には方法はないのですよと教えられるのです。それが考えない作法です。

●心を信じるのが最初

しかし、誤解を避けるために申しますが、ただ何も考えなければよいというのではないのです。釈尊もそのような生き方を排されました。それは眠るのと同じであり、意識がないのと同じであり、もっといえば死んでいるのと同じだと言われるのです。そうではない、この世の真実である四聖諦を信じ、その教えを守り、その上で考えないようにしなさい、そうすれば決して不幸は来ないと教えられるのです。

私も禅を始めた初期に、ある指導者から「考えないようにすればかならずすべてはうまくいく」と教えられました。しかし、考えないというだけでは心の中からわき起こる不安、心配などはなくなりませんでした。つまり心が楽になるのは自動的ではないのです。

考えないというだけでは十分でないのです。私たちの心を信ずる、心の無限の力を信ずる――その力を発揮させる、その力で救ってもらうために、考えない、嫌なことを思い出さないようにするということなのです。

第2部　禅が教える「考えない」作法

8章　悟ったからといって賢明な判断ができるわけではない

1　悟りを求めない

●悟り＝違う自分になる？

もし、あなたが禅に関心があるとするなら、おそらく悟りということも聞いたことがあると思います。いつも暗い気分、不安な感じ、あるいはいらいらしているような時に、すかっと悟れればどんなに楽かと思われると思います。

さらに禅に入る人は禅の書物も少し読まれたり、禅についての話もお聞きになっていると思います。そこには悟った時の体験などが詳しく書かれている場合が多いのです。もし、自分が悟れるなら、ある時にまったく違う自分になり、悩みや苦しみもなくなり、青空のような気分で生きられるならすばらしいのに、とあこがれる気持ちも強いと思います。

臨済宗の僧の指導を受けると公案を与えられ、これを工夫するように指導されます。それは悟れ、ということです。また、その時に大抵はその指導者自身の体験、あるいはその師匠の体験が述べられ、いかに悟りがすばらしいかが伝えられます。

一方、坐禅会などは曹洞宗の僧により開かれていることも多いのです。理由はいろいろですが、臨済宗では、ある程度の悟りを得ない人が人に禅の話をすることは誤解を与え、仏教を誤った方向に導くということから、坐禅の指導や禅の講話はしないようにさせたり、僧自身が及び腰になってしまうこともあると思います。

●悟れなければ意味がない、と教える

これは私の経験ですが、臨済禅を志すと師匠はこちらの間違った考え、世俗的な価値観、煩悩から生まれたと考えられる思考過程を徹底的になくそうとします。こちらがそれらに価値を置かないようにさせるのです。

例をあげると、著名人も悟れない、あるいは悟れなければ意味がないということを最初に教えられます。その例としてよくあげられるのが夏目漱石です。漱石は鎌倉の

円覚寺に釈宗演を訪ね、参禅しますが、悟れず、禅の修行を諦めます。指導者は「漱石ほどの学識のある人も悟れないのだ。だから学問とか社会的な名声などは禅の悟りを得るのに意味がないのだ」と主張します。

剣と禅で有名な大森曹玄老師は禅に関する多くの書を残しています。また、実際に天竜寺の関精拙老師に参禅し、その後関牧翁老師から印可を得ています。

大森老師は書などでも、芸術的にうまい書には意味がなく、むしろそのような書には心、墨気がなく、人の心を打たないとして排除しています。

また著名人についても比較しています。幕末の勝海舟、山岡鉄舟、高橋泥舟という幕末の三舟について、「政治的な才能とか、知識という点ではいざ知らず、人物ということになると、鉄舟、泥舟、海舟という順になる」と述べ、鉄舟を海舟の上に見ています。

私はこれを読んだ時に、では「人物」とはどのようなことを指すのかと疑問に思いました。私たちは人を見る時、全体として見て人物だと判断します。仕事、その成果、社会、周囲に及ぼす影響、苦難を抜けきる力などさまざまなことを勘案します。このような点で鉄舟と海舟を比較すると、比較にならないくらい海舟が上です。実際、幕末維新で無血革命がなされたのは海舟のお陰といって過言ではありません。その中で海舟が示した実力、気迫、度胸は相当なものです。

●死の境地にあるから偉い、というおかしな価値基準

一方、鉄舟派は、幕末維新の重要な局面を間違わないで打開したのは鉄舟がいたからで、彼が剣と禅で鍛えた人間として偉大だったからだとします。とくに、征東軍の大総督府に徳川慶喜の恭順を伝え、江戸攻撃を止めさせる使者の役を誰も引き受けようとしませんでしたが、鉄舟が立ち、これを実現させたといいます。

事実、鉄舟は大総督府から五カ条の条件を持ち帰り、それにより江戸城への攻撃を防いだとされます。その五カ条とは、

1）城を明け渡すこと
2）城中の人数を向島に移すこと
3）兵器を渡すこと

4）軍鑑を渡すこと
5）徳川慶喜を備前に預けること

でした。

鉄舟はこの最後の項目に反対し、強硬に抗議し、結局西郷が折れたということになっています。事実そうでしょう。

しかし、鉄舟と西郷の会見ですべてが決まったのではなく、事を進めるには幕閣の賛成が必要です。海舟は大久保忠寛と協議し、新しい提案をもって西郷との会見に臨んだのです。それは鉄舟が持ち帰ったものとは大部異なります。軍鑑などは相当数残すというような提案で、西郷側の譲歩を迫っています。西郷も周囲の事情からこれを呑んで、その結果が江戸城明け渡しで、鉄舟はこれにはまったく関与していないのです。

●悟った人も間違う

では大森曹玄の説く、人物の比較とは何かということになります。老師の考えは、悟っているか、心がどこまで磨かれているか、自分の生命などは歯牙にもかけない、生死一如の境地に至っているかということになると思います。

しかし、人物として、心が清らかならそれでよいということにはならないのです。禅の修行に一心になり、仕事に禅の心を持ち込んだ人も多くいますが、かならずしも成功しているとはいえません。鉄舟自身も明治に入ってからは、維新の政府と社会を作るのに何の仕事もしていないのです。

戦時中のことで恐縮ですが、日本が太平洋戦争の開始時に真珠湾を攻撃しました。当時の参謀長の草鹿竜之介は禅と剣の達人で、鉄舟の無刀流を継いだ人物として有名でした。彼はミッドウェーの会戦では主力の空母4隻を失う失態を演じたのです。彼は実戦でも「手練の一撃を加えれば残心することなく退くべし」という意見の持ち主でした。

真珠湾を再度攻撃し、真珠湾の外にいる空母も探して叩けという意見が将官たちのあいだで支配的でした。しかし、草鹿は当時の南雲機動部隊長官に対し再攻撃を提言せず、引き揚げさせる決断をさせました。またその後のミッドウェーの海戦、南太平洋の海戦でも非常に消極的な意見を具申し、「草鹿さんの禅は野狐禅《やこぜん》（にせものの禅）」だと酷評されました。

禅を原理主義まで突き詰めると教養とか知識には意味がなく、従容として死ぬことができる人が立派だということになります。実際、大森曹玄老師は吉田松陰を評価しませんでした。彼が刑場に連れて行かれる時、「死にたくない」と暴れたのが見苦しいというのです。一方、鼠小僧次郎吉は、打ち首になる時に「申しわけありませんでした」とさっと首を差し出したのが立派だと述べています。

2　考えても意味のないことは考えるな

●釈迦の三つの法則――第1は諸行無常

禅は釈尊の四聖諦の教えを徹底させようとしたものだということはすでに述べまし

た。じつは釈尊が見いだされた宇宙を貫く法則を三法印と呼んでいます。それは絶対的な真実であり、永遠に変わらない法則だということで、仏教は宗教ではない、仏が悟り、教えた法則だということで仏法とも呼ばれます。

三法印とは三つの法則ということです。第1は諸行無常です。仏教では「もの」を表す言葉をいくつかもっています。ものには色があるということで「色《しき》」といいます。色即是空という言葉で代表され、冗談に「色欲は空しい」ということだなどといわれますが、この場合の色は色欲の色ではなく、「もの」という意味です。「一切のものは本来『あるとかないとか言えない』もので、空という言葉を当てはめるが、これは『ない』という意味の空ではない」と説明されます。

またものには動きがありますから、これに着目した場合は「行」と表現されます。諸行無常というのはいろいろやっても結局は空しいとか、栄華は続かないというような意味で用いられる場合が多いのですが、その意味ではありません。「すべてのものは一瞬でも同じでない、絶え間なく変化している」という意味です。これは現在の物理学でも証明されています。物質は一瞬といえども同じではなく変化しています。物理学などをご存じなかった釈尊は直感でものの本質を悟ったのです。

●第2は諸法無我

三法印の第2は諸法無我という法則です。ものには決まりがあります。そこに着目すると「もの」は法という言葉で表されます。諸法無我とは「すべては因に縁が働き、果が生ずる、これが因になって、そこに縁が働き、果が生ずるということのくり返しである」ということです。そこには善を尊び、悪を憎むというような意図はなく、大きくいえばこの世を造った造物主などは存在せず、ただ因果の法則のみが存在するということです。もっともこの大きな法則全体は神が支配しているともいえますから、その意味では神の存在を否定するものでもないでしょう。

ここで大事なのは、ある不幸が起こったのは過去の世のどこかで悪いことをしたからで、そのつけが回ってきたというような意見に惑わされないことです。

釈尊のお言葉はそのまま南方に伝わり、上座部仏教として伝えられました。日本に入るとその言葉は『法句経』というお経になりました。そこでは因果の法則を日常の生きる道しるべのように表現されています。その中でもよく知られているのは法句経118です。

　悪の報いの熟さざるとき
　悪人も幸運をうることなしとせず
　悪の報いの熟せるときには
　かならずわざわいを見るべし

あるいは、法句経120の

　善の報いの熟さざるとき
　善人もわざわいを得ることあり
　善の果報の熟せるときには
　かならず幸いに遇うべし

という言葉です。これは悪いことをすれば、いつかはかならずその報いを受けるし、善いことをすればその果報をかならず得るというように、非常に道徳的な表現になっています。

因縁の法則にはそのような解釈もできますが、本当は善とか悪とか、幸福とか不幸というような「私的な決めごと」ではないというのが諸法無我です。

たとえば原爆で同時に亡くなった人は広島で12万人以上、長崎で7万人以上です。これらの人は同時にこのような不幸に巡り会うのですから、過去の同じような時にほとんど同時に悪いことをしたのかということになります。

もちろん、来世、来々世で今度は非常な幸運に恵まれ、それは今世で運命に貸しを作ったからだというような解釈もあります。しかし、このような道徳的な側面は因縁の法則のごく一面しか見ていない見方で、因縁の法則はそのような個人的な幸不幸などとは関係なく、ただ因果の法則で動いてゆくということを述べているのです。

『碧巌録』の第37則に「盤山《ばんざん》三界無法」という公案が載せられています。その頌《しょう》（仏の功徳をほめたたえる詩）に「三界無法　いずれの処には心《しん》を求めん」と詠われています。三界とはこの宇宙ということです。この宇宙のすべての出来事が黙々と動いていく、それはまるで法則がないようだ、しかし、法則がないという法則に則って黙々と動いているのだという意味です。

一部をとれば因果の法則は勧善懲悪のように見えますが、実際はそのような「私」的な意図はまったくない。ただ無意志の意志で黙々と動いていくということになるのです。これは非常に大事な教えです。

●第3が涅槃寂静

第3は涅槃寂静で、このような常に変化する世界で、唯一変化しないのは、私たちの本来の心で、この心はあくまでも清らかで、罪の意識もなく、しかし、永遠に続くものだと悟られたのです。

さて私たちが過去の失敗、不行跡を悔いる、他人に迷惑をかけたことを後悔するような時には、過去に失敗を犯した「私」がいまの「私」でもあり、それはいかにも批判され、責められても当然な自分だという考えにとらわれています。

「過去はどんなに後悔しても変えることはできない」などと言っても、「そのような失敗をした自分がいまここにいる、それは他人に比べて劣っていて、とても尊敬に値しない」と自分を責めているのです。

このような時に、「考えるな」、「思い出すな」といっても、どうしても思いが浮かんでしまいます。自分を責める気持ちを捨てられません。釈尊はここを衝いたのです。私たちは一瞬といえども同じでない。過去の私はいまの私ではなく、他人ともいえる。その他人のやったことに責任はない。もし、責任があるなどという人がいれば、それは宇宙の本質を知った釈尊の悟りを知らないのだ、間違っているのだと思えと教えられたのです。つまり、これが諸行無常です。

しかし、過去はないなどといっても、その行い、失敗のつけ、蒔いた種の結果は受けなくてはならないだろう。もし、悪いことをしたなら、その過去の結果は今の自分が引き受けることになる。これは過去の出来事が他人によりなされたということとは矛盾するのではないかという意見があります。

しかし、原爆の例でも述べたように過去の出来事は自分以外の大きな因縁の集まりの結果起こったもので、自分の責任は非常にわずかなのです。原爆を投下されたことに自分の責任はどのくらいあるのでしょうか。

つまり、過去はいまの自分ではない人物がやったことの集計なのです。ですから自分と関係のない過去について責任はないし、それを考えるのは無意味なのです。

このように考えても意味がないことを考えるなというのが禅の基本なのです。考えないような工夫、考えないようにするために過去の多くの禅僧が苦心に苦心を重ねてついに到達した「考えない」工夫が禅なのです。

3　なぜ我々は禅に惹かれるのか

●いくつもの悟り体験

さて、私たちはなぜ禅に惹かれ、悟りを望むのでしょうか。それは悟った時の体験があまりにすばらしいように思えるのと、悟った後に別人のようになるということを聞くからです。

円覚寺の朝比奈宗源老師はその体験を次のように書いています。

「その日も気持ちよく坐り、いつか無字三昧（無字の公案を考え続け）に入り、時のうつるのも知らずにいました。そこへ直日《じきじつ》（禅堂の世話をする僧）が入堂し、開板《かいはん》（時間などを知らせるために打つ板）を打ち、献香をした後、経行《きんひん》（禅堂内を坐禅する気持ちで歩くこと）の柝《たく》を打った刹那、たちまち胸の中ががらりとして、何もかも輝きわたり、その時は、ああともこうともいうべき言葉もなく、ただ涙がこぼれて、人について堂内を歩いていても、虚空を歩くようで、ああやっと分かったと嬉しくてたまりませんでした。やがて止静（坐禅の開始）になっても、その感激はますます深くなったと書いておられます。

社会人から禅僧になられ、不二禅堂を創建され、禅の道を説かれた辻雙明老師は、ご自分の体験を次のように述べておられます。

円覚寺に参禅し、「予定の三日間は終わったが、『見性』はできなかった。『まだだめか』と思いながら、私は円覚寺の山を下りた。ところが、帰路の電車の中で、私の心境に突如として変化が起こった。車中のすべての人の額が、ことごとく光明を放っているように感ぜられた。人だけでなく、見るもののすべてが光を放っていた。

荻窪駅から七、八丁ほどの処に在った自宅に帰ると、どういう訳か『歓喜』が湧き起こって来て文字通り『手の舞い、足の踏む処を知らず』という風に、私は家の中を踊りまわった」

また天竜寺派の管長をされた関精拙老師は悟った時にうれしくて、一晩中心字池（天竜寺の庭にある池）の周りを踊り回ったと書いています。その弟子に当たる関牧翁老師は、最初慶應の医学部に入り、医学を志したのですが、人生いかに生きるべきかに悩み、大学を中退し、放浪の末、岐阜の瑞巌寺で岡部浩宗という住職の提唱を聞いていて、「私は忽然として悟った。長い間の、人生いかに生くべきかという懊悩と疑問とが一時に解決し、春雪のごとく消え去った。急に心身ともに軽安になり、前途に光明が耀く思いがした」と書いています。また同門の山田無文老師は花園大学に在学中の参禅の際に、長時間坐禅をして、庭に出ると大きな銀杏の木の葉が金色に耀きわたっているのを見て、驚き、その見解を師に示したところ、これが悟りだと言われたと書いています。

いまお悩みの皆様、苦しみから逃れたいといつも望んでいるあなた、このような話を聞けば、羨ましく思うでしょうし、禅をやってみるかとも思うでしょう。

●いくつかの疑問

さらに、それだけではありません。悟った人は新たに生まれ変わったと言っています。

いままでいつも失敗をしたり、人に嫌われたりすることを怖れていたあなた、将来がいつも心配で、不安をもっているあなた、もし心も体も生まれ変わることができたら何とよいだろうと思うのではないでしょうか。

秋月龍珉《あきづきりょうみん》という人は、悟るまでは自分で努力して何かをしていたが、悟った後には、自分でない何かが動いて仕事をし、修行をしてくれると書いています。これも驚きです。坐禅をするのにも足の痛さを我慢し、苦しいけどやらなくてはならないと努力しているあなた、いまからそのような努力をしようと思わなくても、内なる自分がどんどんやってくれるというのです。

では、悟ればすばらしい人間になり、苦しいことでもどんどん内なる〝自分〟がやってくれるようになるのでしょうか。また判断に間違いはなくなるのでしょうか。

　私も昔はそのように思っていました。もし、禅の師、つまり法灯を継いだ老師が釈尊と同じような考えをもっていて、真理を体得しているなら、なぜ老師を首相にしないのだろうと本気で思ったのです。

　また大森曹玄老師の言うように、悟った人の字、絵には悟りの心がこもっていて、それがない書、絵は意味がないとするなら、なぜ禅の本山のふすまなどに著明な画家の絵を描いてもらうのだろうか不思議でした。なぜなら、画家といえども法灯を継いだ老師の心に比べれば曇っているのだから、そのような曇りが墨や絵の具に残っている字や絵を禅の本山の重要なところに飾るなどというのはおかしいのではないかという思いでいっぱいでした。

　しかし、悟りというのは〝分かった〟ということに過ぎず、それで正しい判断ができ、正しい行動ができるとは限らないと思うようになりました。

　昔の話で恐縮ですが、戦前の日本では国を変えるために、間違っていると思われる指導者は殺してもよいというような風潮がありました。

一人一殺という思想です。昭和の初めに血盟団という組織があり、井上日召という人が指導者でした。血盟団事件とは死を覚悟して国家改造に当たろうとする血盟団が一人一殺を唱え、昭和7年2月9日に民政党の前大蔵大臣の井上準之助を殺害し、3月5日には三井合名の理事長の団琢磨を殺害した事件です。

井上は満鉄で勤務していたのですが、日本に帰り、最初日蓮宗で題目を唱えることに専念していましたが、ある日まぼろしを見るかのように悟りを開いたといいます。

彼は「宇宙大自然は私自身だという一如の感じがする。『天地は一体である』、『万物は同根である』という感じがひしひしと身に迫る。かつて覚えたこともない、異様な神秘の心境である。『妙だな』と思って、試みにこれまでの疑問を、今悟り得た境地に照らしながら静かにくり替えして考えてみると、驚くべし、三十年間の疑問が残らず氷解してしまったのではないか」と書いています。また著明な山本玄峰老師は井上の裁判に証人として出席、井上は国を思ってやったことであり、「国家、国体に害をなす者は善人といえども是を殺すのも可なり」などとして弁護しました。

このようなことは戦時中にはたくさんあります。つまり老師といえども政治や国際関係などの問題では判断を誤るのです。

●私の悟り体験？

私は次のように考えています。もし、あなたが禅僧を志し、法を継ごうと思うなら、師の言う通りにし、何事も師に従いなさい。しかし、もしあなたが在家で、禅を志すなら、禅の原理主義は取らず、さらに悟りを求めるようなことはしないようにしなさい。

まずいま述べたような歓喜を体験する人はそんなに多くなく、普通の努力では不可能です。またあまり努力しなくても前世の因縁などで悟る人もいます。

私自身の体験を述べましょう。私は坐禅を始めた早い頃のある時、ある老師と話をしていて、ある言葉を聞いた時に急にうれしくなってしまいました。ちょうどお腹の下部の丹田といわれるところにまるで水の中に空気の球でもできたような気がし、その空気がぶくぶくと上に浮かんでくるように感じたのです。この〝空気〟が口まで来ると、自分の力でもなく、意識したのでもないのに、突然私の唇が震え、「ふふふ」

と笑ってしまったのです。老師も怪訝に思ったのか、「何か分かりましたかな」と言われました。私は「別に」と言っただけでした。見方によれば、私は「我ならぬ我」が存在するということを体験したともいえるのですが、それで私の人格が変わったとも思わなかったのです。

●何も考えずに坐禅ができるか？

さて、達磨大師も経の言葉を引用して、「求むる所あるは皆苦なり」と何度も述べています。すべての点において求めることは苦しみだというのです。悟りも同じです。「悟れる」、「悟れない」、「あいつは悟った」、「自分はだめだ」などという思いは心を乱すだけではなく、生き方をだめにします。

悟りは求めても得られず、かといって求めなくては得られないといったらよいでしょう。

これについて面白い体験があります。ある青年に禅の話をしたところ、その青年が「自分は曹洞宗で只管打坐だ。ただ坐るので、悟りを求めない」と言うのです。

しかし、この人が朝、坐禅をする時に、何も考えないのでしょうか。坐禅をすると人間が立派になるとか、苦しみが軽減すると思わないのでしょうか。何も考えずにどうして坐禅ができるのでしょうか。

これはじつは仏教上の大問題でもあるのです。禅では「祖師西来意」という公案があります。達磨がインドから中国に来る時に、達磨は何を考えたのかというのです。人を救おうというような思いがあったのか、しかし、それも「求めている」のではないか、しかし、何も考えずに中国に行けるのかという問題です。

この問題も『無門関』の第37則で取り上げられています。

「趙州、因みに僧問う、如何なるか是れ祖師西来意。州云く、庭前の柏樹子」という公案です。なぜ達磨が中国に来たのかという僧の問いに、「庭にある柏の樹」だと答えたのです。柏の樹は大きくなろうとして大きくなっているのだろうか、それとも何の意識もなく大きくなっているのだろうかという答えです。もちろん、いまの科学からいえば、樹に意識はないでしょうが、趙州はこれと同じで、考えたわけでもない、考えないわけでもないと答えられたのです。

●考えずに求め、求めずに坐禅をする

卑近な話をすると、眠りと同じで、眠ろうとすれば眠れないのに、眠ろうとしなくても眠れる。しかし、そもそも眠ろうとして布団に入らなければ眠りは来ないのだということと同じです。

「考えずに求め、求めずに坐禅をする」というのが正しいやり方だと思います。そして只坐禅をしていると、機が熟せば悟るということもあると思います。

私は公案を使うのもよいと思います。後に呼吸のところで申しますが、「無」と言いながら息を吐く方法もあります。この時に悟りを求めず、ただ公案になりきることが大事なのです。

もし、あなたが禅僧になり、禅の法灯を継ごうとし、師匠が公案を考え、悟りを求め続けよと指導されるなら、そうすべきです。しかし、一般の人にはぜひ悟りを求めない禅、つまり心を癒し、苦しい気持ちを軽減する禅を志していただきたいと思います。

悟りを求めて、悟れないということになると、当然「自分はだめかもしれない」、「自

分のような人間には悟れないだろう」、「悟った人は自分よりもはるかに優れているに違いない」などという思いが常に心に残ります。これでは悩むために坐禅をするようなものです。

在家の人は誰がなんといっても悟りを求めないことが大事だと強く申しておきます。

9章　禅とは「心」を知る修行

1　生きとし生けるものはすべて仏、という考え方

●禅で心を知り、心のあり方を修行する

禅とは何でしょうか。多くの人にとって禅とは禅宗のことで仏教の宗派の一つと理解していると思います。しかし、禅宗といわず、禅というからには宗派を超えたものがあるはずです。それは何でしょうか。

明治時代に鎌倉の円覚寺の管長をされた釈宗演禅師は夏目漱石が参禅した禅僧としても知られ、禅学の大家、鈴木大拙の師としても知られています。釈宗演老師は「禅とは心のことだ」と言っておられます。ですから禅の修行をするとか禅を学ぶ、あるいは禅を極めるということは心について学び、心を知り、その心のあり方を修行するということになります。

こうなると禅は仏教の一宗派というよりも、仏教の本質を示す教えであるともいえます。

禅という言葉はサンスクリット語のディヤーナ、パーリ語のジャーナが中国で禅那という言葉になったのが元だとされます。これは禅定とも訳されます。禅定というと禅によって三昧の境地に入った状態ということですから、もはや仏教の宗派というよりも、心の状態を示しているといえます。

唐代の禅僧、圭峰宗密《けいほうしゅうみつ》禅師は対象に心を集中させることを禅とし、心を静かにして動揺させないことを定というとしています。また大乗禅では「自分の心は本来、あくまでも清らかなもので、煩悩など本来ないのだ。執着のない心が自分に具わっているのだ。これを悟り、自分が仏だと気づく」ために修するものが禅だと述べておられます。また達磨の伝えた宗旨のみが真実の禅那（禅定：三昧の境地）に当たるから禅宗と名付けられているとも述べています。

このことは釈尊の悟りの本質を述べています。では釈尊はどのようなことを悟られたのでしょうか。

釈尊が悟られた時のことはさまざまな仏典に記載されています。最も引用されるのが『華厳経《けごんきょう》』の「法王如来性起品」に述べられた言葉です。

「不思議だ、不思議だ。生きとし生けるものはすべて仏、如来と同じ智慧をもっているのだ。それに気づかないだけだ。自分はそれを衆生に悟らせるまえに生を受けたのだ」

私はこれこそ禅の本質であり、仏教の最も尊い教えであると思っています。

事実、歴史上のすぐれた禅の祖師方はかならずこのことに言及しておられるのです。白隠禅師も『坐禅和讃』の中で「衆生本来仏なり　水と氷の如くにて　水を離れて氷なく　衆生の外に仏なし」と詠い、また「衆生近きを知らずして　遠く求むるはかなさよ」と詠って、神仏に功徳を祈る必要はないのだ、自分こそ神であり、仏であるといっています。またさまざまな善行、修行などはすべて坐禅による禅定の中に入ってしまうとしています。

「布施や持戒の諸波羅密（悟りを得るための基本的な行）、念仏懺悔修行など、人々がやると功徳が多く、幸せになるという行はすべて坐禅の功徳に含まれている」と述べています。そしてその最後に「そうであるから、一体なにを自分の心以外に求めるのだ。自分が仏、神であり、この世は極楽なのだ」と締めくくっています。私たちの住んでいるこの世界が本当は極楽浄土なので、そこにいる自分は仏なのだと強く宣言しているのです。

そこでまず仏の教えはどのように伝えられ、その中からどのようにして禅が生まれたのかを説明しましょう。

釈迦が亡くなった時に、大勢の弟子たちは悲しみに暮れました。弟子のうちの最も高い地位になり、禅の創始者、あるいは禅によって釈尊の教えを伝えた迦葉尊者は「世尊は、我が亡き後は戒律を尊重せよ。戒律こそ汝らの師であると仰せられ、また四聖諦の法をよく護りなさい、法のあるところ仏は永遠にあるといわれた。皆記憶の鮮やかなうちに、この戒律と正法の条文をはっきりさせておこうではないか」と提案されました。

●仏教の核心＝四聖諦

では四聖諦とは何のことでしょう。釈尊は悟られて鹿野苑《ろくやおん》で初めて5人の比丘《びく》に説法され、最後に抜提河《ばつだいが》のほとりで涅槃に入られるまで、一生を貫いてお示しくださった教えは四聖諦という真理です。

涅槃に入られる最後の夜も、「お前たち、この四聖諦の法（四諦の法）において疑いはないか。疑いのある者はいまのうちに尋ねるがよいぞ。わしはもう永くお前たちといっしょにはいられないぞ」と三度申されたのです。

しかし、弟子たちは皆悲しみで胸がいっぱいになり、誰も答えようとしませんでした。そこで長老のアヌルダが、皆を代表して、「たとえ太陽が冷たくなる時が来ましても、月が熱くなる日がありましても、あなたのお示しになった四聖諦の法に疑いはありません。永遠の真理として、私どもは信じています」と答えられたのです。釈尊は「それなら皆静かにせよ。わしは涅槃に入るぞ」と仰せになって、永遠の眠りにつかれたのです。

では四聖諦の法とはどのようなものでしょうか。諦という字は「あきらめ」という字ですが、私たちが人生の問題を突き詰めていくときに直面する最終の真理のことをいうのです。

第一の真理は人生は苦だということです。皆さまの中には苦しんでいる方、幸せだと思っておられる方、じつにいろいろな方がおられると思います。病や生活に苦しんでおられる方にはこの真理は受け入れられやすいのでしょうが、仕事もうまくいき、家庭も問題ない、希望にも満ちているという方にとっては「人生は苦」などという考えはあまりに悲観的で、受け入れがたいと思われるでしょう。考え方、行いにより苦のない生き方ができるはずだと思うかもしれません。

その通りです。仏は「まず、人生が苦であることを認めることが大事だ。それをどのように解決し、その苦から脱却して、悩みのない人生を送る方法を教えるのが仏法で、これはただの教えではなく、真実の教え、真理そのものだ」というのです。

私もそろそろ人生の晩年といわれる時期にさしかかっています。つくづく思うのはこの世はいかに不平等で、不公平であるか、いかにすべてのことに格差があるかということです。

たとえば日本中の人を身長順に全員並べれば、右から次第に身長が低くなっていくような列ができるでしょう。これはすべてのことにいえるのです。

私たちは活力ある生き方、バイタリティーとエネルギーに満ちた生き方ができればなと思っています。しかし、これも人により差があるのです。

慢性疲労症候群という病気があります。原因はウイルスとかいろいろわれていますが、分かっていません。この病気にかかった人は非常に疲れやすく、重症の場合には動けなくなってしまいます。

このような病気でなくても人の活力には差があります。日本人を活力の順に並べれば右から左に一直線の列ができるでしょう。生まれつきもあり、病気になった場合もあり、精神的に動くのが嫌という場合もあるでしょうが、活力に差があることは事実です。またこの差を努力で埋めようとしても無理な場合が多いのです。

同じことは能力についてもいえます。野球の能力で人を並べれば、右の方にはイチロー、松井が来るでしょうが、これも一列に並び、左の方の人はどんなに努力してもイチローを抜くことは不可能でしょう。

このように考えるとすべての能力、体力、才能にはさまざまな理由があるにせよ不公平、不平等があるのです。

●人生は不公平、不平等

運もそうです。最近の新聞に載っていた交通事故の記事では、パトカーに追われた速度違反の車が前の車を追い抜こうとし、ハンドル操作を誤り、電柱か何かに衝突しました。そのはずみで、車のバッテリーが飛び出し、追い抜こうとしていた車の窓を破り、運転していた女性に当たり即死したのです。ほんの1秒前か後にずれていたら、フロントガラスの前を飛んだか、後ろの窓ガラスを破り、後部座席を直撃したことでしょう。一瞬の差が運を分けたのです。そのようなことです。このような危険は誰にも起こりうることです。多くの人は偶然そのような事故に遭わないというだけです。この運を考えても世の中はじつに不公平になっていると思わざるをえません。こうなると、平穏無事でいられるということが幸せということになります。人生は苦の原因に満ちていて、いつなんどき不運にでっくわすか分からないということになります。それはあなたにも私にも起こることで、その意味では人生は苦だといえるのです。

このように人生は苦だと徹底し、聖なる諦めをもち諦観することが第1の真理です。諦めというと無気力のように思われるかもしれませんが、人によると「明らかに極める」と訳す人もいます。しかし、本当の諦めです。聖なる諦めなのです。これを「苦諦」といいます。

●無知ゆえに苦しむ

ではこのような苦悩がなぜ起こったかということになるのですが、それは生きているからだということになります。なぜ生きているだけで苦を受けるかというと、無始という無限の昔に生んだ業という運命の貯金通帳に間違った思い、行いの結果が記録されているからだとされます。

なぜ業が記録されているかというと、もともと無知が間違いを犯したからだとします。この無知というのが問題で、間違って考える、あるいは考えるということにより生まれるのです。このように業が苦の原因だと明らかに極めて諦観するのが第2の真理「集聖諦」です。

なぜ苦しむかということを簡単にいえば、無知（無明といいます）から煩悩のままに考え、生きてきたからだとします。大事なことは大きな欲望があれば、かならず大きな苦しみがある。中くらいの欲望があれば、中くらいの苦しみがある。もし苦しみに耐えられないなら、できるだけ欲望を減らしなさいという教えです。

社会で活躍し、成功を望む人はほとんど無限ともいうほどの欲望をもっているように思えます。もし、それに対する苦しみに耐えられるなら、その欲望が悪いということではない、しかし、欲望が満たされれば、さらなる欲望が生まれ、際限ない苦しみから逃れられない。そのように気づけば、欲望を減らすことが大事だという集諦の真理が理解できるだろという教えです。

●四聖諦は心を傷つけないためのもの

ではこのような苦しみをなくすにはどうしたらよいのだろうかということになります。これを「滅諦」といいます。釈尊は「考える」、「思い出す」から苦しいのだ。思い出さないこと、考えないことが苦を滅する方法だと教えられました。さらにこのような苦を滅する生き方を続けるにはどうしたらよいのかということになりますが、それが道諦です。

これは生き方の教えで八つあるので「八正道」といいます。正見、正思惟、正語、正業、正命、正精進、正念、正定の八つです。このようにして苦しみを断つことを第4の「道聖諦」といいます。しかし、これも私たちの清らかな心、永遠にして、無限の力をもつ心を傷つけないように生きなさいということです。

釈尊はこのように四聖諦はすべて心を傷つけないためのものであり、心を傷つけるすべては悪であり、間違いであるとしたのです。

●仏教は中国へ

さて、釈尊が亡くなられて、最初に弟子たちが集まって教えを議論したのが王舎城外の畢波羅窟《ひっぱらくつ》という洞窟の中でした。これを第一結集《けつじゅう》といいます。釈尊の従弟で、25年あまりもその傍を離れずに侍者をしたという阿難尊者は最初、悟りを開いていなかったので、畢波羅窟に入れてもらえなかったのです。しかし、必死に努力してついに悟りを得て、この中に入れてもらいました。阿難が入ったので、迦葉尊者が議長になり、阿難尊者が壇上に立って法を口述することで議事が進んだのです。

このようにして膨大な教典が完成し、戒律も定められました。この教典と戒律がいっしょになり、小乗教典、いまでいう上座部仏教の原始教典ができたのです。これは南方のいまのミャンマー、タイ、ベトナムなどに伝わったのです。

釈尊のお言葉はさらに日本に伝わり、『法句経』というお経として広まりました。釈尊が亡くなって4、500年経つと、大乗思想が勃興しました。これは釈迦の教えそのものではないのですが、釈尊が生きておられたらきっとこのように説かれただろうという信念のもとに編集されたのです。

紀元7世紀に玄奘三蔵はこれをインドから持ち帰り、大般若600巻という膨大な大乗教典として刊行されたのです。また大乗思想は紀元8世紀ころになるとチベットに伝わり、チベット仏教になったのですが、インドでは廃れてしまいました。

2　心を大事にすると心が安らかになる——禅の核心

●達磨への継承

では禅はどのように始まったのでしょうか。

このいきさつは禅の公案を集めた書『無門関』の第6則の「世尊拈花《せそんねんげ》」に示されています。

「世尊、昔霊山《りょうざん》というところで説法をしている時、花を拈じて衆《しゅ》に示しました。この時、皆黙りこくっていました。ただ迦葉尊者だけがにっこり笑ったのです。世尊は自分は仏法の奥義、永遠の法を会得しているが、それをすべて迦葉尊者に与えると言われた」

迦葉の法は二祖の阿難尊者に伝えられ、そこから28代目がインドの王国香至王の第三子として生まれた達磨により中国に伝えられました。27祖に当たる般若多羅尊者が国王の招きで説法し、その布施に出された宝珠をもって王の三人の王子の賢愚を調べたのです。上の兄たちはこの珠は非常にすばらしい珠で、自分の王室の第一の宝であると自慢したのですが、第三子の達磨はこれはいかに尊いといっても物質である、人間にとって尊いものは心であると答えたので、尊者は感心し、この子をぜひ出家させ、将来の大器にしたいと願って、菩提達磨と名づけ自分の弟子にしたのです。

禅では釈尊の教えの本質を体得した者が師により印可を与えられ、それが次の弟子に伝えられるとします。それは満々と満ちた器の水を次の器に移すようなものだとされるのです。

●武帝との問答

達磨は当時仏教を信仰していた梁の武帝に迎えられました。そこでの問答も伝えられています。

それは『碧巌録』という禅の書の第1則に示されています。

武帝が「仏法の第一義は」と聞きました。これは出家の修行の道と俗世間での働きは異なるものであってはならないという仏法の本質のことです。これを聖諦第一義といいます。達磨は「廓然無聖《かくねんむしょう》」と述べました。有名な言葉です。からりとして晴れ渡った秋空のようなもので、真俗不二などと理屈をいっているとそれは第一義ではなくなるという意味です。武帝は「しかし、あなたはその法を体得しているのではないですか」と聞くと達磨は「知らない」と答えたのです。また武帝が自分が多くの寺などを建てたが、その功徳はどの程度のものでしょうかと聞いたのですが、達磨は「無功徳」と答えたのでした。

●面壁九年の逸話

この有名な出会いで達磨は自分を理解してくれる人はいないかもしれないというので、揚子江を渡り、北の魏の国に行き、山中で坐禅三昧の生活をしていたのです。これがいわゆる面壁九年といわれる逸話です。神光という青年が達磨という人の話を聞いたが、この人こそいかに生きるべきかの悩み、苦しみを解決してくれる人ではないかと思い、達磨を訪ねました。

ところが達磨はまったく相手にしません。神光（後に二番目の祖師になるので二祖といいます。名も慧可《えか》と改めました）はそこに立ち続けます。降り積もる雪の中に石の壁に向かって坐禅をしている達磨、そして達磨に教えを乞う慧可、まさに見るものの心をゆさぶる場面です。雪舟はこの場面を「慧可断臂《えかだんぴ》」という絵で表しています。

この場面は『無門関』の第41則に「達磨安心」として紹介されているので、それを述べましょう。

「達磨は面壁していた。二祖（慧可）は雪に立ち、自分の臂を刀で断って、自分の心は不安で、安心がない、なんとか安心を得る方法を教えてくださいと言ったのです。すると達磨はその不安といわれる心をもってきなさい。そうしたら安心させてやる、と言ったのです。二祖はさらに一生懸命に自分の心を探したのですが、心はどこにあるのか分かりません。そこで達磨に向かって、心を探したのですが、どこにもありません、と答えたのです。達磨はそれを聞いて、それがお前の安心なのだと言われた」という話です。

釈尊は私たちが悩んでいるとか憎んでいるとかいういわゆる心には実体がなく、その心の尽きたところに永遠に続く清らかな心があると悟られたのです。神光もそれに気づいたのだと思われます。

●不安をなくす方法

しかし、もっと大事なことは、自分の心を苦しめれば、かならず不安になる。心ほど大事なものはない。心を大切にするという気持ちが得られれば、不安などなくなると教えられたことです。

では私たちは本来清らかな心をもっているのだから、別に修行する必要はないのではないかという疑問が浮かびます。じつは本当に自分が清らかで永遠に続くような心をもっていると悟ることができるなら修行は要らないのです。しかし、そのように思えない、「自分は何とだめなのだろう」と自分を責める、「人は何とうまくやっているのだろう」などと人を羨む、これらは本当に自分が仏の心をもつ崇高な人物なのだということを理解していないから起こる苦しみです。

道元禅師のお言葉を記録した『永平広録』という書物があります。そこにある逸話はこの問題の解決に非常に役立つと思われるので紹介します。

法眼禅師の道場に報恩玄則という方がおられました。ある日、法眼が「あなたはここにどのくらいいますか」と尋ねたのです。すると玄則が「和尚さんの道場に来て、すでに3年になります」と答えました。法眼は「あなたは私の後輩なのに悟りについて何も質問しようとしないですね」と問いました。玄則は「私は以前青峰和尚のところにいて、安楽を得ました」と述べたのです。法眼は「どのように悟られたのですか」と聞くと、玄則は「以前、青峰に『私の自己とは何か』と問いました。すると青峰は『丙丁《びょうじょう》童子がやってきて火を求めるようなものだ』と答えられたのです」。丙丁童子とは火を扱う童子のことです。つまり、もともと火をもっている童子が火を求めているようなものだというのです。

これを聞いた法眼は「それはよい言葉だ。しかし、あなたは恐らく理解していないだろう」と言うと、玄則は「丙丁は火に属す、火で火を求めるようなものだ。あたかも自分が自分を求めているのと同じである」と言ったのです。法眼は「あなたが理解していないことがはっきり分かった。仏法がそのようなものならばいままで伝わらなかったであろう」と言ったのです。玄則はそれを聞いて憤慨し、そこを去ったのです。

しかし途中で、「あの方は500人の指導をする指導者である。私がだめだと言われるからには、きっと正しいところがあるに違いない」と思い、引き返して法眼に問いました。

「私とは本来何物でしょうか」。それに対して法眼は「丙丁童子来たって火を求む」と同じことを答えたのです。それを聞いて玄則は大悟したという話です。

玄則が最初に青峰から同じことを聞いた時には彼は真剣ではありませんでした。ちょうど神光のように考え抜いて、この問題一つになりきった時に、この言葉の本質が分かったのです。

●だれでも釈迦と同じ心をもっている

しかし、私たちが悟っても、悟らなくても本来仏であることには違いありません。それをできるだけ信じて考え、行動するだけでも功徳はあります。伊豆の三島にある龍沢寺の中川宋淵老師のところにラジオのアナウンサーが取材に来たことがあります。その時にアナウンサーが「私のようなものでも悟れるでしょうか」と聞いたのです。すると宋淵老師は「あなた、『私のようなもの』などといってはいけませんよ。あなたも釈尊と同じ心の持ち主ですから」といわれたのです。

私はこれを聞いて、宋淵老師は釈尊の教えの最も重要なところを述べられたと実感しました。心ほど大事なものはない。「自分のような」などというのは、この大切な心をもっているということを自覚していないからいえるのだ。この大切な心を尊べば、かならず幸せになれる、それが仏の教えだと示されたのです。

さて、禅はさらに中国で広まり、日本に伝えられたのですが、それは公案と呼ばれる禅の問答の中の事例から説明していきましょう。

そこには「考えない」ことの深い意味合いも含まれています。

10章 あれかこれかと考えない

——公案が問いかけるもの

1 善を思わず、悪を思わない
――「考えない」は仏教の根本原理

●公案で見る禅の歴史

現在日本には臨済禅の立場をとる人と曹洞禅の立場をとる人がいます。黄檗宗《おうばくしゅう》という禅もありますが、ごく一部なので、ここでは臨済、曹洞を中心に話します。なぜこの区別が大事かというと、臨済宗では公案という一種の問題を用いて修行者を悟らせようとするのに、曹洞宗は只管打坐《しかんたざ》といって、ただ坐る、悟りを求めないで坐ることを主眼とします。

さらに曹洞宗の人は悟りを求めるというのが欲望、妄想なのだ、考えることなく、ただ坐禅すればよいと教えます。日本の曹洞宗の開祖である道元禅師は、『正法眼蔵』の「生死の巻」で「この生死はとりもなおさず仏の御いのちである。これを嫌って避けたり捨てようというのは、まさに仏の御いのちを失うことになる。逆にこれにとどまって生死に執着するなら、それも仏の御いのちを失って、ただ仏の外形だけになってしまう。生死を厭うこともなく、慕うこともなくなったとき、初めて仏の心に至るのだ。けれども私たち凡夫の心でもってあれこれと憶測してはいけない。言葉で表現してもいけない。ただ、わが身と、わが心とをすっかり忘れ去り、すべてを仏の家に投げ入れて、仏の方から働きかけがあり、それに従うときに、力も入れないで、心を苦しめることもなく、生死を離れて仏になる。そのようにすれば、いったい誰が心を悩ませるだろうか」と述べています。

道元の言葉は難しいので、もう少し説明をしますと、生きるとか死ぬとかを嫌がって考えないでいる、避けているというのは間違いなのだ。逆に死にたくない、病気になりたくないと執着することも間違いである。生死のことを避けることもなく、それに執着することもなくなる時に、初めて仏の心に到達できるのだ。その時に仏の方から働きかけがあって、自然にそれに従えば、生死を離れ、本来の仏心で生きることができるとするのです。

道元禅師は生死を極めることが仏教徒の最大の努めであるとしています。『修證義』の中で、「生とは何かを明らかにし、死とは何かを明らかにするのは仏家にとって最も重要なことなのだ。生も死も仏の心の所産なので、生死はないのだ。生死として厭うからいけないのだし、涅槃として死を願うからいけないのだ。このように思う時に初めて生死を離れることができるのだ」と記されています。

これも難しい言葉ですが、生きるとか死ぬとかということにとらわれないということが大事だ。生死は仏心の中に起こるということを理解できれば生死はないのだという意味だと思います。

●法灯を継ぐための仕掛け＝公案

さて公案の話ですが、禅が達磨から次々と5代の祖師に伝えられ、6番目の慧能《えのう》禅師に伝わると、そこで中国に深く根を下ろすようになります。その後多くの祖師が現れ、五家七宗といわれるさまざまな宗派が並び立つようになります。潙仰《いぎょう》、臨済、曹洞、雲門、法眼の五つの宗派と、臨済宗の門に黄龍、楊岐の2派があります。

唐代から5代にかけてさまざまな天才的な禅者が現れ、禅の創造的な生命が燃焼した時期でした。このような時には弟子を教育する問題などは必要がなかったのです。ところがそのような禅の創造力が弱まり、放っておいては禅の法灯がつながらなくなるという危惧が生まれました。宋代になると禅の存続のために公案という問題が作られ、これにより昔のすぐれた禅僧が悟りに入ったと同じような体験をさせようとする試みが生まれました。13世紀半ばに現れた中峰明本禅師は「それ仏祖の機縁、之を名付けて公案という」と述べています。

公案は公府の案牘《あんとく》といわれ、公的な権威をもった書とされていました。最初は禅の師匠が自分や知り合いの禅僧が悟った契機を弟子に向かって当意即妙に使われたもので、これは現成公案《げんじょうこうあん》といわれます。

そのうちに、古人のすぐれた境涯を手本（古則）として、弟子に教育する手段として公案が用いられるようになったのです。さらに師匠（師家《しけ》）が修行者が禅を修めるための問題として公案を課するようになり、公案を用いて悟るという公案禅が成立するようになったのです。

公案禅は公案を考え、なりきることで悟ろうとする禅であり、看話禅《かんなぜん》と呼ばれるものです。これに対して公案を用いず、ひたすらに坐る、いわゆる只管打坐を指導する宏智正覚《わんししょうかく》らの黙照禅が現れました。前者が日本では臨済宗の修行となり、後者が曹洞宗の修行となったのです。

●6代目の行跡

さて、禅の歴史をたどる時に、その時代のすぐれた禅者（祖師）の生き方は公案に残されていることが多いのです。そこで公案を追うことで禅の歴史を考え、禅では何が重要とされるかを考えてみましょう。

まず、禅が本当に中国に根付き、日本にも伝えられる元を作られた六祖慧能禅師の行跡をたどりましょう。なぜこれが大事かといえば、六祖についての公案は『無門関』の第23則「不思善悪」に載っているからです。

「善を思わず、悪を思わない」ということは、この本で述べようとしている「考えない作法」の基本です。これは禅というよりも釈尊の教えの根本原理のように思えます。

達磨大師はその語録で「もし心の中で大事にするものがあると、かならず反対にさげすむものがある。心に何か肯定するものがあると、かならず反対に否定するものがある。心がもし一つのものを善いとすると、すべての物が善くないことになる。心が一つの物だけに親しむと、すべての物が仇となる」と述べていて、心は善にも悪にもとらわれないことが非常に大事だと教えています。

●もともとある仏心を要らぬ考えが曇らせる

では考えないとどうなるかということですが、江戸時代にあって大石良雄の師ともいわれた盤珪禅師は〝不生の仏心〟ということを説かれました。私たちは親から永遠に続く清らかな心を貰っているのだ、それを考えたりすることによって自覚もできず、使えないようにしているというのが禅師の考えです。「悪しきことも、善いことも思わないようしなくても、止めようとしなくても、自ずからなくなるのです。その滅したところが即ち不滅です。不滅なものが不生の仏心です」と説法しておられます。

さて、六祖ですが、もともと広東省の新州の人です。3歳の時に父を失い、母一人に育てられたのですが、家が貧しかったので、薪を市中に売り歩いて生活を立てていました。

ある日、街を歩いていて、人が『金剛経』の「心というのは、べつにここにあるとかあそこにあるというのでなく、何もないところから生まれる」と唱えているのを聞いて、感ずるところがあり、「それはどのような本で、どこで手に入れたものですか」と聞いたのです。すると「これは金剛経というお経で、黄梅山の弘忍《ぐにん》大師からいただいたものだ」といわれました。

六祖はなんとかこの法を極めたいと思い、それを母に告げ、有志の人の支援も受け、黄梅山に出かけたのです。この弘忍禅師こそ達磨の法を継いだ5番目の祖師だったのです。

慧能は五祖に面会した時、「汝はどこから来たか」と尋ねられました。慧能は「嶺南から」と答えました。五祖は「何を求めようとするのか」と聞くと、慧能は「ただ仏になりたいと思います」と答えました。五祖は「嶺南のような野蛮な土地の人に仏性などありはしない。どうして仏になれるものか」と言いました。これに対して慧能は「なるほど人には南方だとか北方だということがありましょうが、仏性になんでそんな差別がありましょう」と切り返したのです。

これを聞いて、五祖は慧能が大器であることを見抜いたのですが、わざと「米つき部屋で米でもついておれ」と言いました。それから毎日米つきをして昼夜勤労をしながら修行をして8カ月が過ぎました。

●課題詩の評価

五祖は慧能の修行が成就したことを知り、法を伝えてもよいと思いました。そこで門下に向かい、「ひとつ、めいめいの見解を偈《げ》（詩）に作って出しなさい。もし宗旨にかなった者があれば、私の衣鉢を伝えるだろう」と言われたのです。

当時五祖には弟子は700人もおり、神秀という人が上座でした。神秀は学問もあり、平生から皆に尊敬されていて、神秀以外に法を継ぐものはないだろうと皆は口をそろえて言っていました。神秀は一心に偈を作り廊下に貼り出したのです。

身はこれ菩提樹　心は明鏡台のごとし

時々に勤めて払拭せよ　塵埃を惹かしむるなかれ

これはただちに山中で大評判になりました。五祖もこれを見て、「結構な偈である。これによって修行したら間違いはない」と褒めたので、さらに大評判になりました。慧能もこれを聞いて、「それは一体なににある言葉ですか」と問うたのです。僧たちは、「お前はまだ知らないのか。お師匠さんは今度法嗣《はっす》（跡継ぎのこと）を求めて皆に偈を作らせた。これは神秀上座のお作りになったものだ」と言ったのです。

すると慧能は「うん、その偈はよいことはよい。しかし、まだ徹底していない」と言うと、「何を生意気なことを言うか。お前のようなものが知ったことではない」と僧たちは怒ったのです。

慧能は夜になってひそかに一人の童子に頼んで神秀の偈の横に、このように書いてもらったのです。

菩提もと樹なし　明鏡もまた台にあらず

本来無一物　何《いずれ》の所には塵埃を惹かん

僧たちはこの偈をかえりみなかったのですが、五祖はひそかに夜中に米つき部屋を訪れ、「どうだ米はつけたか」と問いました。すると慧能は「はい、つけるにはつけましたが、まだ篩《ふる》いにかけてありません」と答えたのです。

その夜の三更に五祖は慧能を自分の部屋に呼び、釈尊から迦葉へ、さらに28代を経て達磨から伝えられてきた衣鉢をそっくり伝えられました。そうしてその夜のうちに慧能を下山させ、南方に旅出させたのです。

さらに翌日から五祖は説法を止めてしまいました。どうしたかを尋ねると、五祖は「吾が法はすでに他に伝えた。もう私は説法したりしない」と述べたのです。

人々は米つき部屋の男がいなくなったのに気づき、彼が衣鉢をもって逃げたのではないかと大騒ぎになりました。この公案はその時のものです。

●善も悪も考えない

まずここまでですが、神秀が心の鏡を常にきれいにせよという偈を作ったのに、慧能は心の鏡など本来ないのだ。だから塵埃もないのだという仏の悟りをそのまま書かれたのです。

この罪などはない、汚れなどはないという悟りは仏教の本質です。達磨大師は「すべてのものは心に存するということに気づくと、心は透明な真珠のように耀きわたり、物の根源を理解できました。それを歌にすると、『もし心に執着がなければ清浄であるが、一念でも分別の心を起こすと、その清浄は消滅する』」と述べています。

盤珪禅師は「人々の親が生んでくれたものは、仏心だけです。その仏心は不生にして、霊明なものの極みです。不生なものならば、不滅などという必要はありません。仏心は不生な仏心で、一切事は不生の仏心で事足りるのです」とまったく同じことを述べています。

つまり、払拭すべき汚れなどはない心を本来もっている、それは本来何もないから、無一物だからであるというのです。

ところで黄梅山の僧たちは慧能を追いかけて衣鉢を奪おうということになりました。そこで一番足の早い、明上座という坊さんが慧能を追いかけ、大庾峯《だいそうれい》というところで追いついたのです。

これを見た慧能は衣鉢を石の上に置いて、「この衣は信を表す、力をもて争うものではない、もし欲しければ持ち帰りなさい」と言ったのです。明上座はこれを持ち上げようとしたのですが、山の如くで持ち上がりません。明上座はこれを知って震えおののきました。「自分は法を求めて来たのです。衣鉢を得るためではありません。どうか私の眼を開く言葉を示してください」と言ったのです。

その時に慧能は「不思善、不思悪。このようになった時にお前というのは何物だ。お前の本質は何だ」と言いました。これを聞いて、明上座はすぐ大悟したとあります。

私はこれも釈尊の教えられた四聖諦の「滅諦」を示された言葉だと思っているのです。つまり、生きる上で最も大事なことは心を傷つけないことであり、その方法は「考えないこと」、「これが善いことだとか、これが悪いことだ」などと考えないことが最も大事だということを教えられたのです。

これをもっとくだいていえば、私たちは「これは善いことだ」とか「これは悪いことだ」と分別をしている。このような心、分別が一切なくなった時に残る心は何だと問うたのです。あるいは、これが善だ、これが悪だと思う心が迷いで、善も悪も考えない時に本当の心が耀くのだと教えたといってもよいのです。

2 心を苦しめ、乱す者があれば、たとえ仏でも殺せ

●無字の公案

もしあなたが臨済宗の師家《しけ》（指導者）の指導を受けると、ほとんどといっていいくらい、「無字の公案」を貫います。これで説明すると公案のことが分かりやすいので、ここから始めましょう。

釈尊が悟られた時に「生きとし生けるものにすべて仏性あり」と言われたとされます。そうなると、人間だけでなくすべての生き物に仏性があるのかという問題が生まれます。ここを衝いたのがこの公案です。これは『無門関』の第1則にあり、その偈はこの公案を透る（解決する）ための修行の仕方が書いてある重要な文章なので、これもお示しします。私は毎日坐禅の前にこの偈を唱えています。

まず、公案からです。これは「趙州狗子」という公案です。趙州和尚は南泉という和尚の法嗣であり、百丈和尚とは同門になる関係です。彼に関する公案は実に多く、禅界の巨頭ともいえます。

ある時に趙州を僧が訪れました。そこで次のような問答が交わされたのです。たまたま庭に啼いている犬を見て僧が、「あの犬にも仏性があるでしょうか」と尋ねたのです。もし、あるといえば犬の心はそんなに清らかかということになり、ないといえば釈尊の悟りに反することになります。

この問いに関して趙州はあっさり、「無」と言っています。また別の機会には「有」とも言っているのです。これはなぜか、あるいは本当に犬に仏性があるのかないのかというのがこの公案の焦点です。

●心を正常に保つこと

この公案をどのように取り扱うか、あるいはこの公案の答えを見いだすにはどのようにすべきかということについて、『無門関』の著者の無門慧開和尚が述べている中で最も大事なことは「仏に逢うては仏を殺し、祖に遭うては祖を殺し」だと思っています。

禅の教えはすべて四聖諦を理解させようということだと述べましたが、これなどは本当に禅の奥義を述べています。もし、心を乱す、心を苦しめる教えとか、意見、指導などがあれば、それが釈尊の言葉なら、釈尊を殺してしまえ、もし過去の偉大なる宗祖の意見なら、その宗祖も殺してしまえといっているのです。

つまり、どんな意見、言葉、教えも心を乱し、苦しめものは間違いなのだ、決してそんなことに惑わされてはならないぞと述べているのです。

もちろん、現実には立派な師匠を殺すとか、指導者を殺すなどということをせよという意味ではありません。しかし、心構えとして、自分の心を苦しめるものには決して価値を置いてはいけないということを示そうとしたものなのです。

そのように心を乱すことなく、この公案に全身全霊で向かいなさい、そうすれば悟りが開けるというのが二義的な意味ですが、本質は心を傷つけてはいけない、心を傷つけるすべてのものは排除しなさいという教えを述べたものです。

さて無門の言葉を解説すれば、無字をいつも考えていると熱い鉄の球を飲み込んだようなもので飲むに飲めず、吐くに吐き出せないような心境になるが、ここを思い切って飲み込む以外に解決策はないというのです。

もう一つ大事なことは「従前の悪知悪覚を蕩尽し、久々《きゅうきゅう》に純熟して、自然《じねん》に内外打《ないげだ》成《じょう》一片ならば」です。つまり、坐禅をして公案を考えていると、いままで心を取り巻いていた妄想、煩悩、執着が次第になくなり、どんどん純粋に熟成していき、最後は外界と自分が一つになるというのです。この「久々に純熟」という言葉は坐禅に最も当てはまります。一休さんの「一寸の線香、一寸の仏」という言葉、「自然に荘厳す本来の人」という言葉などとぴったり一致します。

●悟りの瞬間

さてこのようにいままでの妄想、煩悩、執着がなくなり、坐禅する自分と外界が一つになると、何かのきっかけでこの無字の問題が分かる、つまり悟れるというのです。

このきっかけにはいろいろあります。白隠禅師は夜明けの遠い寺の鐘の音で悟りました。雲門という人は寺の門内に入ろうと足を入れた時に門を閉められ、足を折った痛みで悟ったといいます。

この中で最も有名な逸話は香厳撃竹という故事です。中国の唐代に香厳《きょうげん》という坊さんがいました。師匠の百丈禅師が亡くなったので、弟子の潙山《いさん》という和尚のところに修行に行ったのです。

すると潙山が「お前はたいそう利口な学者だという評判の雲水だが、わしはお前が本で読んだことは聞きたくない。また人から聞いた話も尋ねたくない。お前がお母さんの胎内を出る前、西も東もおぼえない時のお前は何者か言ってみなさい」と問うたのです。香厳はいろいろな本に書いてあることを述べたのですが、これは本に書いてある、これはだれそれの言葉だと言って潙山は許してくれません。

香厳はついに「もう私には何も言うことはありません。どうか教えてください」と言うと、「教えるのはわけがないが、それはわしの句だ、お前の一句を言え」の一点張りです。香厳は男泣きに泣いて、「もう私も駄目だ。ずいぶん学問もし、修行もしたつもりだったが、たったこんなことも答えられないようでは、もう袈裟をつけて坊さんらしい顔をするのも恥ずかしい。どこかだれもいない山の中に入って、一生人に知られずに、庭掃除でもして人生を終わるのがよいだろう」と考えました。

　南陽の白厓山に慧忠国師という方が40年も隠棲しておられたというので、そこで毎日庭掃除をしていました。しかし、この問題が頭から離れたことはありません。「生まれぬ前の自分はどのようなものか」という問題をいつも考えていました。

　ある日、掃き寄せたゴミを持って竹藪に行って、ぱっと捨てると、そのなかに入っていた石が竹に当たって、こつんと響いたのです。その瞬間に香厳は飛び上がるほど驚きました。同時にうれしくてうれしくてたまらなくなったのです。生まれぬ前の自分が分かったのです。

　香厳はすぐに水をかぶって体を浄め、はるかに潙山の方に向かい、線香を立てて、三拝九拝し、お礼を述べました。「潙山和尚、あなたのご恩は父母の恩にもまさるものです。父母は私の肉体を生んでくれましたが、あなたはこの魂を生んでくれました。もし、あの時にあなたが私をいじめてくれなかったら、また何かを私に教えてくれたりしたなら、どうして今日のすばらしい喜びがありましょう」と涙とともに感謝した

のです。そして、

一撃に所知を忘ず　さらに修知を仮らず

と詠いました。この一撃にすべてのことを忘れた瞬間があった。これはいままでの学問、知識などで得たものではなく、自分の心が目覚めたのだという意味です。

●日本への伝来

さてこのようにしてすぐれた禅者が輩出した唐代に臨済、曹洞などの宗派が生まれ、それが日本に伝わったのです。

臨済禅師の法は多くの禅僧によって伝えられ、1185年に生まれた虚堂智愚によって日本の大応国師（南浦紹明）に伝えられました。大応国師は最初建長寺で蘭渓道隆に参禅し、宋に渡り虚堂智愚の法を継いだのです。その弟子が大徳寺を開いた大燈国師です。

大燈国師（宗峰妙超）は1304年に23歳の時に鎌倉の万寿寺に仏国国師の門を叩き、弟子になりました。ある夜、僧堂で坐って坐禅三昧の禅定に入っていると壁を隔てたところにいた僧が百丈禅師の「霊光独り耀いて迥《はるか》に根塵を脱し、体露真常、文字に拘わらず」という詩を読んでいるのを聞いて、悟りました。

仏国国師は大燈の見解を聞いて、「それこそ真正の見解だ」と印可されました。しかし、心に判然としないものがあり、京都におられた大応国師に参禅しました。激しい修行の後に26歳で印可を受けたとされます。しかし、その後20年間京都の五条の橋の下で乞食と一緒に生活されました。その時の歌が「坐禅せば、四条五条の橋の下、行き交う人を深山木と見て」でした。

56歳の3月に大燈は弟子の徹翁を呼んで、死の近いことを述べ、後事を託したのです。彼はリュウマチか何かで膝が曲がらず、結跏趺坐ができなかったのです。しかし、「いままではお前の言うことを聞いてきたが、今日ばかりはわしの言うことを聞いてもらう」といい、左足を両手で強引に右足に載せたので、左足は関節で折れ、血は衣を染めました。この衣は雲門庵に残されています。

●生まれた時からもっている心を大切にせよ

この弟子が関山国師、慧玄は大徳寺で大燈国師に会い、参禅し、その印可を得て、関山と名付けられました。その後岐阜の伊深に牛追いなどをして悟後の修行をしていましたが、花園上皇が離宮を禅寺にしたいというので、大燈国師に相談したところ、慧玄がよいであろうというので、召され、妙心寺の開山になりました。

いままで、農業をやったり、牛を追ったりしていた男が上皇から召されたということで村人はびっくりしました。ある年老いた夫婦が、お別れに何か一言よいお言葉を下さい、と言うと、「よしよし、こちらに来い」と二人を呼んで、二人が近づいた時に両方の頭をつかんでごつんとぶっつけました。「痛い！」と叫ぶと、「そうだ、それを忘れるなよ」と言ったということです。この、痛い時に「痛い！」と感じたのは、教わったのでも、聞いたのでもありません。生まれた時から自分がもっていた心のなす業です。この心を大切にせよというのです。

前に述べた盤珪禅師もこのことをお示しになっています。

「皆、親に生んでもらったのは仏心一つです。それ以外のものはないのです。その親からもらった仏心は不生にして、霊明なものに極まるのです。仏心は不生で霊明なものであり、不生で一切が調うのです。不生で調う理由は、皆の衆がこちらを向いて、私の言うことを聞いているうちに、うしろで烏の声、雀の声、いろいろな声を聞こうと思わなくても、そのような思いが生じなくても、烏の声、雀の声と分かれて、間違わずに聞こえるのは不生で聞いているからです」

と述べ、盤珪の言葉を聞こうとして一生懸命になっているのは分かるが烏の声を聞こうとはしていないだろう、それは不生の仏心が聞いていたのだ、生まれたままの心が聞いていたのだ、とくり返し述べています。これは慧玄のごつんと同じで、私たちがだれにも教わらない、生まれた時からもっている仏の心で、これに細工をし、そのまま聞かないから間違うのだというのです。

さて禅は五家七宗というように多くに分かれ、また中国から禅をもって来た禅僧も多いので、日本には24流が入ったとされます。臨済宗では大応国師、大燈国師、関山国師の流れのみが弟子により受け継がれています。これを応・燈・関の禅といいます。大燈国師の弟子には関山の他に徹翁もいて、その孫弟子が一休禅師です。

しかし、この流れは途絶え、つながりませんでした。それ以外に沢庵禅師とか、前に述べた盤珪禅師などの流れもつながらず、いまは応・燈・関の禅が日本の流れです。とくに途中で江戸時代に白隠禅師が出て、公案の体系を作り変え、独特の弟子の育て方を考案しました。そのために、現在の日本の臨済禅の僧はすべて白隠の弟子ということになります。

11章　だれでもできる坐禅入門

1　坐禅で見えてくるもの

●一日3時間半の坐禅

私は坐禅ほど尊いものはなく、坐禅の功徳は計り知れないと思っています。また私が今日あって、このような本を書くことができ、このような問題について講演したり、話したりできるのも坐禅のお陰だと思っているのです。坐禅がなければ私はなく、私の未来もありません。

では私の一日はどのようなものかを最初に述べましょう。朝7時に起きると、まず坐禅をします。最初に坐蒲団にあぐらをかいて坐ると『無門関』の第1則の「狗子仏性《くし》（無字の公案ともいう）」の拈提《ねんてい》を声を出して唱えます。中川宋淵老師が私に「無字の公案」を拈提する時に、「この『拈提』と覚えて、いつも唱えなさい」と言ってくださったので実行しています。

次に線香に火をつけ、半跏趺坐《はんかふざ》で30分坐ります。それが終わると用を足したりして、次にあぐらを組んで、読経をします。開経偈《かいきょうげ》、懺悔文《ざんげぶん》、四句誓願文を唱えます。そして、般若心経を三回唱えます。もちろん、経文を見ずにです。

次に右足を左の腿の上に載せ、左足を右の腿に載せる結跏趺坐《けっかふざ》を行います。これでまた線香1本、30分の坐禅をするのです。これが終わったら、足をもんだり、屈伸したりして、足を自由にします。それから再度あぐらを組んで、『観音経』の普門品《ふもんぼん》の偈を唱えます。その後、延命十句観音経を5回唱え、白隠禅師の坐禅和讃を唱えます。今度は左足を右の腿に載せ、右足を左の腿に載せて、30分坐禅をして終わります。これを寝る前にもやります。ですから一日、3時間半くらいは坐禅に費やします。

私はよほどのことがなければ、この日課を変えません。大体1年の9割はこの日課を実行しているといってもよいでしょう。

これは決して自慢していっているのではありません。私のような者が仏の心でいられるのは坐禅している間だけです。また過去の罪が許されるのも坐禅をしているからです。未来に不安がなくなり、運勢が開けるのも坐禅のお陰だと思っています。それ以外に過去を許し、現在を明るくし、未来に不安をなくすいかなる方法もないと確信しているからです。

もし、これ以外に方法があるなら、何でも試みましょう。しかし、過去の苦しい経験から坐禅以外に私の心を支えてくれるものはないと思っています。それ以外に生きる道はないのです。これでだめならどうしようもないと諦めもつきます。ですから、私は禅宗でも何もなく、坐禅宗だといっています。

●老師の厳しい縛り

では何のために坐禅をするのか、悟りを得たいためかという疑問をもたれるでしょう。私は悟りを求めないというだけでなく、前述のように在家は悟りを求めてはいけないと思っています。

まず悟れなければ、悟った人に劣等感をもち、実際悟ったという僧は大抵優越感をもっています。「悟ってもいない人が何を言うか」という感じです。第2に悟りにも段階があるということになっていますから、上の悟りを開く、つまり難透の公案を透った人は透らない人を見下げるという傾向があります。最後は印可証明（師僧が弟子の悟りを証明すること）を得た人のみ偉大だということになります。すると、印可証明を得ない人には宗教のこと、仏教のこと、経文のこと、さらに人生のことなどについて発言はできないということになります。

ある会に行った時に、書道をやっている人がいました。その人が「老師のいる前でこのようなことを言うのも恥ずかしいのですが、これはこれこれで」と説明していたのです。つまり老師は判断、見解などもすべて正しいということになっているので、どのような分野の専門家も老師の前ではへりくだらなくてはいけないというようになってしまうのです。

禅宗の僧が比較的社会的な発言が少ない、あるいは社会活動をしないのもこの辺に理由があるのです。できないのです。なぜなら、あるものごとの正しい判断は最終的には老師のみにゆだねられているということになるからです。

禅についての本など書けるものではありません。まず老師から馬鹿にされます。相手にされません。たとえその本で多くの人が救われたような気持ちをもち、感謝しても、そもそもそのような本に救いを感ずるのが間違いだということになっているのですから。

僧堂にあって、禅の道を伝えようという決心をしている人には、師の言葉は絶対で、その証明を得ない人の発言には意味がないと思ってもよいでしょう。それで法が伝わればよいのですから。しかし、一般人には悟りを求め、悟りを得るなどいという生き方は百害あって一利なしと思われるのです。

映画監督の新藤兼人さんは１００歳に近づいても映画を作ろうとしています。台本を書き、監督しようというのです。彼が「煩悩は才能である」と言った言葉を聞いた時に、それまでの禅に関する疑問が氷解した思いがしました。煩悩がなくなったら仕事はできないのです。

芭蕉は「稲妻に悟らぬ人の尊さよ」という句を残しました。芭蕉は悟っていたという人もいますが、私はそうは思いません。禅について非常に詳しく、修行もしたと思いますが、むしろ悟りは危険で、俳句の才能を奪ってしまうと思っていたのではないでしょうか。

●坐禅で仏心を取り戻す

ではなぜ坐禅をするのでしょうか。それは私が仏心を自覚し、仏心を取り戻す唯一の時間だからです。仏心に生きることを可能にするのが坐禅だからです。そして心の平静を得て、安心感をもたせる唯一の方法が坐禅だからです。

ではどのように坐禅をすべきかについて二つの文章に基づいてお話しするのがよいと思われます。一つは宋の時代に作られ、臨済宗に伝わる「坐禅儀」です。それを和訳すると次のようになります。

「それ般若を学ぼうとする菩薩は、まず大悲心を起こし、弘誓願《ぐせいがん》を発し、精《くわ》しく三昧を修し、誓って衆生を渡し、一身の為めに独り解脱を求めず。しからばすなわち、諸縁を抛捨《ほうしゃ》し、万事を休息し、身心一如、動静間《へだて》なく、その飲食を量って、多ならず少ならず、その睡眠を調え、節ならず恣ならず（多すぎも少なすぎもしない）、坐禅せんと欲する時は、閑静の處《ところ》において、厚く坐物を敷き、寛《ゆ》るく衣帯を繋《か》け、威儀をし

て齋整ならしむ」（以下略）

この後に詳しく足の組み方、姿勢の保ち方が続きます。ここで大事なことは決して目をつむってはならないと書かれていることです。

さらに「一切の善悪、都《すべ》て思量することなかれ。念起こればすなわち覚せよ、之を覚せばすなわち失す、久々に縁を忘れば、自《おのず》から一片と成る」と書かれています。これは六祖の「不思善不思悪」という教えと、「狗子仏性」の「久々に純熟し、内外打成一片」という教えにも一致します。

では坐禅の功徳はどのように述べられているのでしょうか。

「坐禅はすなわち安楽の法門なり、しかるに人多く疾をいたすことは、けだし用心をよくせざるが故なり。若しよくこの意を得れば、すなわち自然に、四大軽安、精神爽利、正念分別、法味神を資《たす》け、寂然として清楽ならむ」と書かれています。

坐禅をすれば、病気にならない。四大というのは私たちの構成成分のことで体のことです。これが軽やかで、楽だというのです。また、精神はさわやかで利発、正しい分別ができる心をもてるというのです。これを読んで坐禅をしないなどというのはおかしいと思うのではないでしょうか。

私は坐禅をすれば生活習慣病にはならないし、うつ病、統合失調症、不安神経症にもならないと思っています。暗い気分もなくなり、元気が出ると思っているのです。それには教えられた通りに坐禅をし、教えられている通りに考える必要があるのです。それは「何が善いとか何が悪いとか、何をしたほうがよいとか何をしないほうがよいなどということを一切考えるな。これさえ考えなければ、精神の安定から体の健康まですべてを保証する」という考え方です。

2　坐禅は目を見開いてやるもの

●調身、調息、調心を尊ぶ

では教えられた通りに坐禅の仕方を説明しましょう。

坐禅ではまず調身・調息・調心を尊びます。調身とは姿勢を正すということです。まず、座布団の上の真ん中辺に座布団をおき、二つ目の座布団の上に尻を載せます。尻が少し高くなったような状態です。

次に右の足をもって左の腿に載せ、左の足をもって右の腿に載せるのです。このような交互に足を載せるやり方を結跏趺坐といいます（図11―1）、ここでは1で右足を両手で持ち上げ、左の腿に載せる姿を示しています。2は、その段階で坐禅に入る姿です。これは半跏趺坐と呼びます。右の足を左の腿に載せるだけのものを吉祥坐といい、左の足を右の腿に載せる形を降魔坐《ごうまざ》と名づけています。3では1に加えて、左の足を右の腿に載せる図です。こうなると両方の足が反対側の腿に載ることになります。

半跏趺坐は足があまり痛くないので、初心者だけでなく、多くの在家で坐禅をする人、あるいは禅の僧などもこれでよしとします。結跏趺坐はいかにも痛そうです。実際始める時にはかなり痛いのも事実です。しかし、結跏趺坐をやると、じつに威風堂々、そびえ立つ富士の山のような気分がします。また宇宙に独り坐っているという

図11－1

結跏趺坐までのプロセス

気もします。ですから、多くの指導者が結跏趺坐を勧めています。

実際、悟りということを考えると、半跏趺坐では結跏趺坐の何倍も時間がかかるといわれます。悟りを求めず、ものごとにとらわれない、考えない時間をもとうとするのにも、半跏趺坐では結跏趺坐よりもはるかに効率が悪いということも経験していいます。とにかく弱気を捨てて思い切って結跏趺坐に挑戦されることを望みます。秋月龍珉さんは、結跏趺坐ができないというのは身体の問題というよりも心の問題であるとし、若い人にはぜひ結跏趺坐をするようにと勧めています。

さて精神が統一し、坐禅に集中できるようになるとある程度の禅定（心が統一された状態）が得られます。この状態では感覚が遮断されます。簡単にいえば、周囲の音などが聞こえない、あるいは気にならなくなります。同じことは痛みにもいえ、結跏趺坐をして禅定に入りやすくなると痛くなくなるのです。また痛みが薄れるということが精神統一が進んだという証拠にもなります。ですから、最初は痛いように思えても、結跏趺坐を続けるとすぐに痛くなくなります。ぜひ結跏趺坐を試みてください。

図11－2

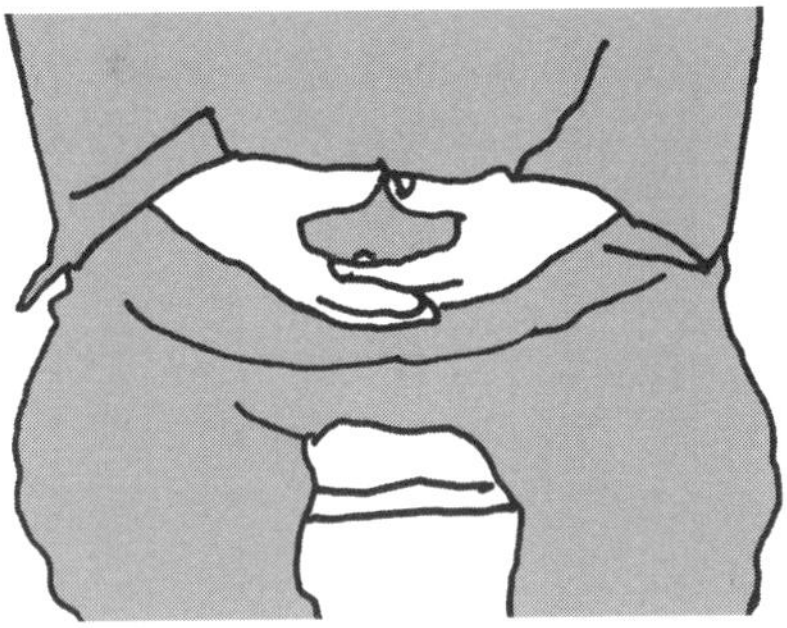

法界定印の組み方

●指の組み方

次は指の組み方です。図11―2に示すように、右手を下に、左手を上にして、掌を上に向けて重ねます。両親指の面をそっと当てます。そして自分の下腹部、丹田といわれるところに引き寄せるのです。この手の組み方を法界定印といいます。

しかし、人が見ているような電車の中とか、仕事で少し疲れて休むような時に法界定印をすると、いかにも「坐禅をしていますよ」という具合に見えて、仰々しく感じます。そのような時には左の親指を右手で握るとか左の4

図11−3

左の親指を右手で握る　　右手で左手全体を握る

本の指をいっしょにして右手で握るような組み方をします。もともと陰陽の説では左手は陰（悪い）、右手は陽（よい）の手だとされますから、左手を右の指で握って、勝手なことをさせないというような姿勢ということになるのです（図11―3）。

次には背骨をまっすぐにします。これには前屈みになって、尻を十分に後ろに突き出し、そのまま頭を上に上げていきます。腰を立てるような気持ちになり、お腹を少し突き出すようにします。そしてあごを引きます。これが大事で、道場などで坐禅をすると、この点を厳しく指導されます。また起こした姿勢ですが、頭のてっぺんから硬貨を落とした時に、尻の穴に落ちるように、まっすぐに坐るのです。

●目を見開く

次に左右揺振といって、体を左右に揺り動かします。最初は大きくし、次第に小さくして、最後は振り子が停止するように、まっすぐなところで止めるのです。

次は口ですが、舌が上あごにつくような具合にします。歯は上下をゆるくつけます。この際に力むように歯を結ぶと顎関節症になり、頬骨の関節が痛みます。坐禅でこのような苦しみを受けるようになることも多いので、ぜひ歯ぎしりするように歯を食いしばることがないように注意してください。

次は目です。これが最も大事です。最近の「考えない工夫」の本では、目を閉じると教えていますが、これは絶対に間違いです。目をつぶるといかにも瞑想ができるように思えるかもしれませんが、禅では目をかっと見開くのがよいとする指導者もいるくらいです。普通は1メートルくらい先の床、畳の上に目を落とすようにします。ところがこの「目を落とす」ということが楽ではありません。「見る」のか「見ない」のかということですが、見るでも見ないでもないような状態といいましょう。目をどのような状態にするかということは、坐禅をしているうちに次第に工夫していくしかありません。

次は調息です。

息をするというのは「生きる」ということだというくらい大事です。禅僧の中には呼吸を工夫することに全力を上げ、「結局は呼吸だな」と言っている人もいます。

坐禅を始める時にまずゆっくり胸、腹の中にある空気をできるだけ吐き出します。吐いて吐きつくすように息を口から吐いていきます。これが終わると、今度は鼻から息を吸い、息を吐きます。口ではありません。

この際にできるだけかすかに呼吸をしなくてはいけません。山本玄峰老師は鼻先に羽毛をおいて、それが動かないように微かに呼吸せよと言っています。この呼吸ですが「綿々として存するがごとく亡きがごとく」「渋ならず滑ならず、全身から蒸すようにせよ」と教えられています。

『摩訶止観』という書物は白隠禅師も愛読したとされる天台宗の書物ですが、「息は臍より出て還り入って臍に至る。出入は臍をもって限りとなす」と書かれています。息は丹田（臍の下10センチくらいのところ）に入れていき、今度はそこからゆっくり出すようにせよという教えです。

●心の置きどころ

この時にどこに心を置くかということですが、辻雙明老師の『呼吸の工夫』には鼻の穴に心を置いて、吸う息、吐く息の一つひとつに精神を集中せよと書かれています。上座部仏教のヴィパッサナーの瞑想でも、鼻先に心を置き、ここを通る空気に心を集中せよと教えています。私もこれは非常に有効な精神統一法だとして実行しています。辻老師は「呼吸が自然に静かに深くなるにしたがって、今度は下腹部に心を置いて、呼吸の一つひとつにしっかりと精神を集中して呼吸するようにする」と述べています。私は鼻を通る息を意識する呼吸法をとっています。

この坐禅の際の心の置きどころですが、『天台小止観』という書物には心は気海丹田に置く、あるいは掌に置くと教えています。足の裏に置けという人もいます。つまりできるだけ心を下の方に置くことが勧められているのです。これは数息観のように息を数える際には非常によいのですが、随息観といって、息をするがままにするという方法に進む時に、鼻に意識を集中する方法は有効のように思えます。後に説明します。

●数息観を始める

いよいよ数息観に入ります。これは自分の息の出入りを数えるという方法です。呼吸を1から10まで数えるのですが、これが難しいことはすでに述べました。しかし、坐禅の姿勢でやってみましょう。

最初は、ひとつ、ふたつ、みっつと、とー（十）まで数えます。まず息をゆっくり吐きながら「ひとーーーーー」と続け、吐き尽くしたら、今度は吸うのですが、その時に「つーーーーー」と吸います。この時に息を腹部に吸い込むようにし、胸にためないようにします。できるだけ空気をお腹に入れるのです。そして、次には

「ふたーーーー」と吐いていき、いっぱいに吐いたところで「つーーーーー」と吸います。これを「ここのーーーーー」、「つーーーーー」、「とーーーーー」「おーーーーー」とやり、1回が完成です。

そこでまたひとつに戻り、ひとつ、ふたつと始めます。何回くり返すかということは線香の燃え方により決めます。市販の線香の燃える時間は25分から40分くらいです。初心の場合には25分くらい燃える線香がよいでしょう。

このように数息観をやる場合に、数の数え方をできるだけ単純にしたほうが心を集中しやすいということに気づきます。そこで、数をひとつ、ふたつでなく、ひ、ふ、み、よ、い、む、な、や、く、と、と数えるようにします。具体的には、まず「ひーーーーー」と吐いてゆき、そのまま「いーーーーー」と吸います。いっぱい吸ったら、また「ふーーーーー」と吐いてゆき、「うーーーーー」と吸うのです。これを「くーーーーー」、「うーーーーー」、「とーーーーー」、「おーーーーー」とやって10まで数えるのです。

この時に目をどうするかということですが、吐く息をずっと目で追っていき、今度は吸う息をずっと目で追っていくということが勧められています。秋月さんは「数息観」といって「数息」といわないのは、「観」、つまり息を見るということが大事だということを示していると言っています。

とにかくこのようにして、息を数えるということを続けるのですが、息を数えるということも一種の雑念になります。そこで、さらに進んだ段階では随息観といって息の出入りにとらわれないで息をするということをするのですが、これは言うは易く、行うは難しの代表のようなもので、普通の修行ではできるものではありません。

●随息観のやり方

そこで随息観の説明をする前に公案の拈提のことを話します。もし、あなたが「狗子仏性」の公案を授けられたとしたら、これを考えるのでなく、明けても暮れても、この公案になりきるようにと指導されます。まさに「熱鉄丸を呑了するがごとく」に、頭からも体からもこの公案が離れないというように工夫するのです。すると、ある契機に公案が解けることがあり、これを見性といっています。

「無字の公案」を拈提する時に、「むーー」、「むーー」と無の呼吸をするように教えられます。原田祖山老師は「むーーーー」と声を出して拈提せよと勧めています。

無字を拈提しなくても、随息観の時に「むーーー」、「うーーーー」と言いながら、息を吸い、息を吐くというやり方が非常に雑念を排するのに有効だと思っています。「むーーーー」と息を吐くのですが、この時に同時に鼻を空気が通るのを意識します。さらにその際に目は前方1メートルくらいのところを見るでもなく、見ないでもないような具合にして、目を落とします。心で「む」と唱え、息の道を意識し、目を対象に落とすということの三つを同時にやると、さすがに妄想も顔を出すことができなくなるということを自覚し、これを重用しています。ぜひ、これを皆さんにもお勧めします。

このように呼吸、公案と一つになるというのを調心といいます。このような時にも過去のこと、明日の仕事、他人との関係などが思い出されます。これを妄想といいます。これを振り払い、振り払い、数息観や随息観を続けるのですが、前に言ったように、1から10まで妄想なく数えるというのは非常に困難です。1回吸って、吐くという呼吸の一往復をする間にも妄想が入り込みます。

●呼吸の間は考えないぞ、と決める

しかし、前に考えない工夫の項目で述べたように何かをしている間だけでも考えないようにします。「この1回の呼吸の間は考えないぞ」と決めるのです。決めても難しいことには変わりないのですが、この決意が非常に大事です。そして一往復をします。ここで「できた」と思うのは、前に無言の行の話をした時に、「おれはしゃべらないぞ」と言ったのと同じで、やはり妄想です。しかし、このくらいは許しましょう。そして次の1回を始めるのです。

このように1回の呼吸、1回の工夫に全力を上げるのが坐禅です。気力を尽くせといわれていますが、漫然とやったのでは進歩はしません。かならず全力を上げるという気迫が必要です。

もう一つ大事なことは呼吸をできるだけゆっくりさせることです。辻雙明老師は最低でも1分一呼吸と言っておられます。これは相当坐禅に熟練した人でも困難です。

息が苦しくなります。普通は次第に伸ばしていって、40秒くらいが限度でしょう。それでもできるだけ微かに、できるだけゆっくり呼吸をするということが坐禅の要諦であることはぜひご理解ください。

いままで坐禅は結跏趺坐が基本だと申しました。しかし、足の悪い人もおられます。大燈国師はリュウマチで結跏趺坐ができませんでした。天竜寺の関牧翁老師も足の問題で半跏趺坐で通したといわれます。

さらに、椅子に坐ることならできるという人もいます。このような場合には椅子に深く腰をかけ、下腹部を突き出すようにして、あごを引くということで、坐禅の形を保つことができます。ですから、これでなくてはだめだというのではないのです。若くて、禅の道を究めようという人には結跏趺坐がよいというだけです。

12章　前向きな言葉を口にすることの意外な効果

1　言葉は心を変え、心の病を癒す

●言葉が世界を造る

私は自分の体験から言葉は心を変え、心の病を癒す力があると確信するようになりました。

言葉が脳と心にどのように影響を与えるかという科学的な問題については『うつ克服の最強手段―言霊療法』（ＮＨＫ生活新書）に書いてあるので、参照ください。

私たちの思いは言葉で表現されます。ですから、何かをしたいと思うことは、それを言葉で望んでいるということです。エマーソンが言ったように「私たちは私たちが毎日考えているもの、そのもの」なのです。

キリスト教も言葉の重要性を強調する宗教です。

聖書にも「神光あれと言いたまいければ光ありき」（創世記第一章）とか「太初《はじめ》に道《ことば》あり。道は神と偕《とも》にあり。道は神なり。この道は太初に神と偕にあり。万《よろず》のものこれに由《よ》りて成り、成りたるものに一つとしてこれによらで成りたるものはなし。これに生命《いのち》あり。この生命は人の光なりき」（『ヨハネ伝』福音書第一章）

まさにこの世のすべては言葉によって造られたと書かれているのです。

さらに「人の生きるはパンのみによるにあらず。神の口より出《いず》るすべての言葉によると記されたり」（『マタイ伝』福音書第四章）

「言葉は肉体となりてわれらの中に宿りたまえり」（『ヨハネ伝』福音書第一章）

なぜ言葉は世界を造り、宇宙を変えるのでしょうか。

仏教の因縁の法則についてはすでに述べました。私たちの思うこと、言うこと、行うことが業に貯金され、それが運、不運を決めるというのが釈尊が悟られた「諸法無我」の原理です。

思うことは言葉を心で思うということです。言うことはもちろん言葉を言うということです。何かをしたいと思い、人が行動することにより結果が生まれ、それが次第に世界を変えていきます。

あなたが仕事をしようという思いで仕事がされ、その結果、仕事を完成し、それによりあなたは収入、名声を得ます。つまり、あなたの思いがあなたの今日を作っているのです。

そのように考えると、道を走る自動車、新幹線、空を飛ぶ飛行機、目の前にあるプラズマテレビなど、この世のすべてのものは思いが結実してできたもので、言葉が生んだものなのです。キリストが言うように「言葉で成らないものは」何一つないのです。

●思いが周囲に伝わる

前にも述べたように抗うつ剤の効果はほとんどがプラシボによるものです。効くと言われて飲めば効くのです。言葉が心を変えて、心の病を癒すのです。抗うつ剤だけではありません。すべての薬の効果にはプラシボの働きがあるのです。

再度医学の話に戻りますと、言葉とか思いは微妙に周囲に伝わり、心身の健康、人間関係、社会の動きを変える力をもっています。ここでは思いが周囲に微妙に伝わる例を示しましょう。

うつ病の薬も新しい薬はプラシボ効果が大きいということは述べました。しかし、薬そのものについて、新薬が出ると古い薬は急に効かなくなるのです。

現在胃潰瘍の薬として発売されているのは、胃酸の分泌を阻害するＨ２ブロッカー（阻害剤）といわれるものです。アレルギーの原因になるヒスタミンは胃酸の分泌も引き起こします。ヒスタミンと結合する受容体にはＨ１とＨ２がありますが、現在の薬はＨ２受容体と結合して、この働きを阻害するものです。

胃潰瘍の薬としてシメチジン（薬品名・タガメット）が発売されると効果は抜群で72％の人の胃潰瘍が治ったと報告されています。これは内視鏡で確かめられているのです。これは10年間使われてきて、効果が確かめられています。

１９８１年にランチジン（商品名・ザンタック）が発売されました。その薬の働き方もシメチジンと同じで、Ｈ２ブロッカーであり、胃酸の分泌を阻害するものです。ランチジンが発売されるとシメチジンの効果は64％に低下したのです。ランチジンは75%の患者の胃潰瘍に効果がありました。ランチジンが発売されると、シメチジンの効果は次第に低下していっているのが分かります。

●薬の効き目と心理的な問題

問題は両方とも同じ仕組みで働く薬であること、さらに、新しい薬が出る前は十分に効果があったということです。これは使う医師の思い、新しい薬が出たということを知った患者の思いが、薬の作用に影響し、ある薬を効くようにし、ある薬を効かないようにしているということを示しています。

これも、感覚的に効果があったとか、なかったといっているのではなく、たしかに内視鏡で検査した結果、胃潰瘍が治ったかどうかを判定しているのです。

ここで最も大事なことは、患者は新しい薬が出たということは知っていても、それを投与したのを知っているのは医師だけだということです。患者はどの薬が使われたかは知らないのです。医師が「これは新しい薬で効くぞ」と思って投与すると、なんらかの方法でそれが患者に伝わり、薬が実際に効果を示したのです。

同じような研究は痛みについても行われています。親知らずを抜歯した60名の人がこの研究に参加しました。参加者はプラシボ（効果があるかないか分からないと言って与える）か、痛みを強めるナロキサンという薬か、痛みを止める新薬フェンタニルという薬を与えられるというようにしました。じつは全部プラシボで本当の薬ではないのです。

ところが、歯科医師や看護師には「フェンタニルはまだ許可が下りないので、いまは使えない」と告げ、プラシボとナロキサンを与え比較しました。医者は患者にフェンタニルは投与しないとは告げていません。すると使用後にすぐに痛みが強まり、60分後には痛みを点数化した場合の6点にまで上がったのです。1週間後にフェンタニルが手に入ったと医師と看護師に告げ、参加者にフェンタニルを与えました。この際も、患者には裏事情は何も知らされていません。医師、看護師のみが知っていたのです。ところが、注射直後から痛みは弱くなっていったのです。

くり返しますが、プラシボもナロキサンもフェンタニルも皆プラシボで薬ではないのです。ただ、フェンタニルを与えていると知っているのは医師だけです。つまり医師の態度がなんらかの形で参加者に伝わり、参加者が「自分には痛み止めの新薬を使っているのかもしれない」と感じたのです。

●手術をしていないのに治った患者

この医師の態度が患者に微妙に影響を与えるということは、私たちも経験しているところです。

膝関節症の患者に膝の手術をするべきかどうかということは依然として医学上の問題です。これについて、面白い話が米国のスポーツ雑誌に載りました。

第二次大戦で膝を怪我をした退役軍人に膝の手術をした場合と、膝の手術をしたように見せかけ、膝に切開の傷だけをつけておく場合の比較をしたのです。

モースレー博士は非常に有名な医師で、ヒューストン・ロケッツというバスケットボールのチームドクターです。

患者は実際には手術を受けなかったのですが、膝が完全に治ったと言いました。そして「自分の膝が治ったのはモースレー博士のお陰だ。ヒューストン・ロケッツの試合がテレビで中継されると、妻をすぐに呼び、『あれが私の膝を治した先生だ、なんとすばらしい先生だろう』といつも言っていた」というのです。

この話を聞いたヒューストン博士は米国の医師会の会合で「医師自身が治療薬だ。医師は自分を磨き、自分が治療薬だと思わせるような人間になるべきだ」と講演しました。まことに真実をうがっていると思います。

前の新薬が出ると古い薬が効かなくなるという話には二つの理由があると思います。一つは医師が新しい薬を信じるようになったということと、患者も新しい薬があることを医師から聞いて、それを信ずるようになったということです。新しい薬が効くというプラシボの効果もすばらしいのですが、古い薬が効かなくなるというノセボの効果も怖ろしいものがあると思います。

2　前向きの言葉は「考えない」極み

●三つの大事な言葉

私は言葉は自分の心、自分の運勢、さらに周囲の人の考え方を変える力があると思っています。その力の一部は科学的に説明できるでしょうが、多くは現在の科学でも将来も説明が困難なものと思われます。

さて、私は自分の体験から三つの言葉を言霊として大切にしています。一つは「困ったことは起こらない」という言葉、第2は「すべてはよくなる」という言葉、第3に「過去は思い出さない」という言葉です。

これらの言葉を「考えない」、「思い出さない」、「心配しない（取り越し苦労をしない）」助けとして使っているのです。

朝、顔を洗いながら嫌なことを思い出し、過去のことで自分の未来に何か悪いことが起こるかもしれないとか、過去の失敗が将来に影響を与えるかもしれないという心配が心に浮かんだ瞬間に「困ったことは起こらない」と唱えるのです。困ったことは起こらないという意味は、過去のことが未来に影響はしないということです。

これに対し、「すべてはよくなる」というのは、自分の健康、自分の仕事、家族の健康、家族の将来にちょっとでも心配な気持ちが浮かんだ場合に使います。「すべてはよくなる」と言い聞かせると、非常に気が楽になります。

最後の「過去を思い出さない」という言葉は、最初「嫌な過去を思い出さない」というように使っていました。しかし、過去の記憶はかならず嫌なことにつながります。ですから、自分が関係する過去の思い出は一切思い出さないというようにしています。それでも自分に関係ないこと（たとえば歴史上の人物名など）については、必要なことは十分に覚えているし、これからも記憶できます。実際、悩みがないだけ、記憶がよくなったような気がします。

●よい言葉で悪い考えを中止する

前に考えない時間をできるだけ長くすることが「考えない工夫」として大事だと述べました。本当にそうです。しかし、考えない時間にも気分はあります。なんとなく不安、心配、浮かないという気分が続くことがあります。このような時に「困ったことは起こらない」とか「すべてはよくなる」という言葉をくり返すと、この気分が明るくなるのです。ですから「考えない工夫」の一つとして言霊を使うという方法をお勧めしたいと思います。

ところで言葉や思いは、相手に微妙に伝わり、相手の思い、気持ちを変え、脳と体の仕組みを変えるという話をしてきました。それはある面、合理的、科学的に説明できるかもしれません。しかし、その不思議さは合理的に考えるだけでは説明できないようにも思えます。何か、心が空間を伝わって相手の心に届き、それを変えるとしか思えないのです。そうとすると、心はさらに広く空間を伝わり、さまざまな人に微妙に影響を与えるように思えます。これが言霊の力です。

また、思いは自分自身の心と体にも影響を与えます。自分を元気にする言葉を自分に言い聞かせることは、自分の心と体をどんどん変えていくのです。すると一見不可能なことも可能になったりするように思えます。

私はいつも自分に「困ったことは起こらない」と言い聞かせてきたといいました。実際、いままで心配した回数は数限りがありませんが、何一つ起こりませんでした。もちろん小さな問題で意に添わない場合はありました。しかし、本当に心配するようなことは起きなかったのです。おそらくこの本を読んでいるあなたにも多少は同じ経験があるのではないでしょうか。

「困ったことは起こらない」という言葉には、論理的に「困ったことが起こらない」という事実以上の意味があるのです。この言葉を口ずさむと気分がよくなり、余計なことを考えずにいられるのです。

そのような意味で、私はこのようないくつかの言葉を常に自分に言い聞かせています。あなたの場合にはあなたの心を豊かにし、気分をよくする言葉があるでしょう。ぜひそれを見つけて、自分に常に言い聞かせていただきたいと思います。これこそ、「考えない」作法の極みといえるのではないでしょうか。

著者紹介

高田 明和（たかだ・あきかず）

1935年、静岡県生まれ。慶應大学医学部卒業、同大学院修了。ニューヨーク州立大学助教授、浜松医科大学教授を経て、同大学名誉教授。医学博士。専門は生理学、血液学、脳科学。主な著書に『魂をゆさぶる禅の名言』『本当に「うつ」が治ったマニュアル』『脳トレ神話にだまされるな』『心がスーッとなるブッダの呼吸法』ほか多数。テレビ、ラジオ、講演など多方面で活躍中。

禅が教える

「考えない」作法

昨日を悔やむな、明日を思いわずらうな

2010年9月10日　第1版第1刷発行

著者	高田 明和
発行所	株式会社亜紀書房 郵便番号101-0051 東京都千代田区神田神保町1-32 電話……(03)5280-0261 http://www.akishobo.com 振替　00100-9-144037
印刷	株式会社トライ http://www.try-sky.com
装丁	斉藤 よしのぶ
装画	INO

ISBN978-4-7505-1013-2 C0095 ¥1500E